사랑이 있는 교육이 인생과 사회를 바꾼다

사랑이 있는 교육이
인생과 사회를 바꾼다

지은이 | 김형석
초판 발행 | 2025. 09. 17
등록번호 | 제2023-000055호
등록된 곳 | 서울특별시 용산구 서빙고로65길 38 두란노빌딩
발행처 | 위더북
영업부 | 2078-3333   FAX | 080-749-3705
출판부 | 2078-3331

책 값은 뒤표지에 있습니다.
ISBN 979-11-990769-2-1   03370

독자의 의견을 기다립니다.
tpress@duranno.com   www.duranno.com

ⓒ 이 출판물은 저작권법에 의해 보호를 받는 저작물이므로
무단 전재와 복제, 무단 사용을 할 수 없습니다.

"삶의 모든 순간에 당신과 함께하는 책" 위더북은 두란노서원의 임프린트입니다.

김형석 교수의
100년 교육의 지혜

사랑이 있는 교육이
인생과 사회를 바꾼다

김형석

위더북

머리말을 대신하며

　나는 한평생을 교육계에서 살았습니다. 초·중·고등학교를 거쳐 대학교와 사회 교육까지가 내 인생 전부입니다. 얻은 결론이 있다면 '사랑이 있는 교육이 인생과 사회를 바꾼다'라는 신념입니다. 특히, 청소년 시기의 교육은 부모와 교사들의 사랑이 전부를 차지한다고 보아도 과언이 아닙니다. 사랑으로 보호하고 사랑으로 키우며 사랑을 실천하는 기간입니다.

　초등학교 때는 바르게 자라고 더불어 사는 인성의 기본을 배우는 시기입니다. 정직한 생활태도와 서로 돕고 위하는 습관을 길러야 할 때입니다. 나무는 다 자란 후에 구부러지지 않습니다. 자라면서 휘어집니다. 마찬가지로 아이들도 자랄 때 성격과 습관이 굽어지면 성인으로 자라서도 재목 구실을 못합니다. 그러기 위해서는 거짓을 버리고 정직을 마음에 품을 수 있도록 키워야 합니다. 부모나 교사는 정직이 최선의 사랑임을 보여주고 실천해야 합니다. 친구나 다른 사람을 헐뜯거나 욕하는 습관은 후일에도 나쁜 습관으로 이어집니다.

한 번의 칭찬은 아홉 번의 책망보다 소중합니다. 오랜 세월 우리는 부정적인 평가가 교육적이라고 착각했습니다. 책망과 벌을 주면 고쳐진다는 생각은 잘못입니다. 정직하고 바르게 자라도록 사랑으로 이끌어 주어야 합니다.

초등학교 3학년 정도까지는 공부 성적이나 우열을 따질 필요가 없습니다. 앞으로 공부를 즐겁게 계속하려는 자세가 더 중요합니다. 지혜와 사랑을 갖추지 못한 부모나 교사는 아이가 어렸을 때부터 공부 성적을 서로 비교하면서 성적만을 절대시합니다. 이것은 아이들의 일생을 불행하게 만듭니다.

논에 모를 심은 농부는 적당한 비료와 물을 주면서 벼가 스스로 자라기를 기다립니다. 수확의 계절이 되면 스스로 자란 벼는 많은 알곡을 맺습니다. 조급한 마음에 빨리 자라도록 돕는다며 싹을 조금씩 잡아당겨 아예 자라지 못하게 피해를 주는 농부는 없습니다. 자녀를 초등학생답게, 중고등학생답게 기르고 대학생과 어른이 되어 스스로 열매 맺을 수 있도록 이끌어 주는 것이 교육이고 인생의 도리입니다. 어려서부터 영어 공부를 강요하거나 성적이 앞서면 인생에서 앞설 것이라는 착각은 자녀에게 돌이킬 수 없는 잘못을 저지르게 됩니다.

제대로 된 교육을 받지 못한 부모나 어린 시절의 성적이 인생을 좌우하는 듯이 취급하는 교사는 어린이들의 장래를 병들게 할 수 있습니다. 지식과 공부도 단계가 있습니다. 16, 17세까지는 기억력 좋은 학생의 성적이 앞서지만, 기억력보다 이해력과 분별력이 넓어져야 하는 그 이후의 시기에는 사고력을 갖춘 학생이 우수한 성적으로 평생을 이어가게 됩니다.

중요한 것은 어려서 보호를 받으며 자란 어린이가 점차 개성을 찾아 자립할 수 있도록 돕는 것입니다. 어릴 때는 부모와 손을 잡고 함께 걸어가고 청소년 시기에는 친구들과 어깨동무를 하고 함께 갑니다. 아이들은 그러는 동안에 자연스럽게 성장합니다. 그 후에는 어른들이 뒤에서 만족스럽고 자랑스러운 마음으로 자기 길을 찾아가는 제자와 자녀를 돕는 것이 순서입니다. 성공한 부모와 교사의 마지막 소원은 부모 세대보다 자녀와 제자 세대가 앞서는 것입니다. 그렇게 되도록 돕는 것이 사랑 있는 교육의 과정입니다.

우리는 교육 받으면서 자라고 교육을 나누면서 배웁니다. 성인이 되면 교육의 모범을 후대에 남겨주는 일생을 살게 됩니다.

    이 책은 오래전에 절판되었다가 30~40대 부모님과 선생님들께 드리고 싶어 이번에 다시 정리해서 내놓게 되었습니다. 지금 우리 자녀와 제자들에게 후회를 남기지 않는 교육을 전하는 데 조금이나마 도움이 되었으면 하는 마음입니다.

2025년 9월에
김형석

차례

머리말을 대신하며 … 4

| 제1장 |

성장은 속도가 아니라 방향이다

'빨리'보다 '바르게', 자연스러운 성장이 최고의 교육 … 14
부모의 역할, 보호와 자립 사이에서 균형 잡기 … 21
스승을 닮게 하는 교육, 스승을 넘어서는 교육 … 28
아이를 살리는 유소년기 교육의 세 가지 원칙 … 35
혼자보다 함께, 자녀 교육의 오래된 지혜 … 42
자녀 교육의 속도 조절법, 마라톤과 100m 단거리의 차이 … 49

| 제2장 |

개성과 소질을 살리는 교육 개혁의 길목에서

조급함을 넘어 아이의 가능성을 믿는 영재 교육 … 60
멈춰 버린 교육 개혁 어디서부터 시작해야 할까 … 67
부모가 변해야 아이가 산다 … 74
아들과 딸, 다른 성장 속도에 맞춘 교육의 지혜 … 80
어느 독일 학생이 알려준 값진 교훈, 나눔과 봉사 … 87
과시욕을 긍정 에너지로, 아이마다 빛나는 길 찾아주기 … 96

| 제3장 |

성장을 위한 배움, 진짜 교육의 시작

삶을 풍요롭게 하는 예체능 교육의 진정한 가치 … 106

기억력이 아닌 이해력과 사고력 깨우기 … 113

자유와 존중의 교육, 미래를 잇는 인간관계의 힘 … 121

체벌 대신 사랑을 가르쳐야 하는 이유 … 130

성공보다 행복을 배우는 교육, 성적 그 이상을 꿈꾸다 … 137

호기심에서 사랑까지, 아이와 청소년의 성장 여정 … 145

| 제4장 |

지식을 넘어 삶의 지혜를 가르치는 교육

'좋은 친구'가 최고의 '스펙'이다 … 156

사랑과 책임 사이, 청소년이 알아야 할 것들 … 164

위기의 청소년, 흡연과 폭력의 그림자 … 172

신앙을 키운 학교, 삶을 변화시킨 교육 … 179

독서로 더 풍부해지는 학교 교육, 책으로 미래를 열다 … 186

언어는 힘이다, 그러나 놓치면 안 되는 것 … 193

| 제5장 |

모두가 성장하는 인생 100리 길 완주를 위하여

사교육의 함정, 욕심이 만든 교육 불평등 … 202

폭력을 멈추는 힘은 처벌이 아닌 관계 회복 … 209

대학 숫자가 배움의 질을 보장하지는 않는다 … 217

부모의 말과 행동이 아이의 무의식을 만든다 … 224

공교육이 끝난 30리 이후가 진짜 인생이다 … 232

참다운 교육의 끝은 자기 성장이다 … 237

제1장.

성장은 속도가 아니라 방향이다

'빨리'보다 '바르게',
자연스러운 성장이 최고의 교육

　1970년대 후반 가족계획과 임산부 교육이 확대되면서부터 태아 교육에 큰 비중을 두는 사람들이 늘어났다.

　동양의 오랜 고전 『소학』을 보면 그 옛날에도 태아 교육이 깊이 연구되었음을 알 수 있다. 태아 교육에 대한 책임은 부모 모두에게 있지만, 모태에서 이루어지는 교육인 만큼 특히 어머니의 역할을 더 중요하게 여겼다.

　사실 태아 교육이 실제로 가능한지, 그 한계가 어디까지인지는 학자들 간에도 여러 견해가 있었다. 하지만 과학적 근거가 밝혀진 지금, 다음의 몇 가지는 받아들여도 좋을 것이다.

　태아 교육의 핵심은 태아의 건강 문제다. 건강하게 태어나는 것은 인간의 최초 권리이며, 부모는 그 의무를 다하지 않으면 안 된다. 임신부에게 금연이 절대적 조건이 된다는 것은 재론의 여지가 없다. 의사들은 임신부의 흡연은 태어날 아기에게 범죄를 저지르는 행위라고 단언한다. 술을 마시는 것도 삼가야 한다. 지나친 음주가 태아에게 피해를 준다는 것은 이제 상식이다. 신체적 해로움뿐만 아니라 정서적으로도 악영향을 줄 수 있다.

　약물 복용 또한 신중해야 한다. 임신부 자신이 10개월 동안 최선을 다해서 건강을 지켜야 함은 물론, 가급적 약물을 쓰지 않고 치료를 받는 것이 바람직하다. 요즘에는 임신 중에도 비교적 안전하게 복용할 수 있는 약물이 많이 나와 있긴 하지만, 태아에게 안 좋은 영향을 줄 수 있는 약물은 조심할 필요가 있다.

한편 한약 등 보약의 경우 임신부에게 도움이 된다는 것이 한의학계의 권고 사항이다. 그러나 보약도 지나치면 오히려 해로울 수 있다. 임신 중에는 다른 무엇보다 균형 잡힌 식사와 적당한 운동이면 충분하다고 생각한다.

태교의 새로운 과제는 태아의 정서적 안정과 증진에 있다고들 한다. 물론 직접적이기보다는 간접적인 영향이겠지만, 어머니의 정서가 태아에게 영향을 미칠 수 있다는 주장은 설득력이 있다.

심리학자나 일부 철학자들은 예술 중에서도 음악이 동물의 정서에 영향을 주듯, 태아에게도 영향을 미친다고 말한다. 운동경기나 전쟁터로 나가는 말에게 흥분과 투지를 불러일으키는 행진곡을 들려주는 것은 뚜렷한 자극을 줄 수 있기 때문이다. 연못에 있는 물고기에게 슬픈 음악을 들려주면 바위 밑으로 들어가 움직임을 멈추지만 명랑하고 밝은 음악을 들려주면 짝을 지어 활발히 움직인다는 보고가 있다. 음악이 동물들에게 직접적으로 정서적 변화를 일으킨다고 보는 것이다.

그런 의미에서 음악과 같은 예술적 자극이 태아에게 정서적 영향을 미친다는 견해는 타당하다. 물론 어머니를 통한 간접적인 영향이기는 해도 말이다.

따라서 모태에 있는 아기를 위해서라도 임신부가 심하게 화를 내거나 분을 참지 못해 큰 소리를 지르는 행위는 삼가는 것이 좋다. 가능하면 안정된 정서와 평화롭고 즐거운 감정을 갖도록 하는 것이 바람직한 태교의 방법이라고 할 수 있다.

태교뿐 아니라 최근 영·유아 교육에 대한 관심이 부쩍 높아졌고, 이에 대한 교육적 평가 또한 활발히 이루어지고 있다. 유치원 교육의 제도적 연구가 요청되는가 하면, 보육 시설과 같은 영아 보호 및 교육에 대한 제도적 연구와 시설 확충 논의도 활발히 거론되고 있다.

과거에는 초등 교육부터 정부의 책임 영역으로 여겨졌으나, 1982년 '유아교육진흥법' 시행과 함께 국가 차원의 유아교육 정책이 추진되고 유치원 교육의 의미와 필요성이 보편화되면서 영·유아 교육에 대한 관심 증가 추세가 더욱 뚜렷해졌다. 어린이들의 인격과 인성의 바탕이 초등학교 이전에 형성된다는 학자들의 견해가 반영되었기 때문이기도 하다.

그러나 이 시기의 교육에 대해서는 전문가의 자문을 받을 필요가 있다. 영·유아 교육에 대한 무관심도 문제지만 지나친 기술적 관심 또한 바람직하지 않다. 대나무가 마디마디 흠결 없이 자라야 하듯이, 어린 시절에는 적절한 보호와 사랑을 받는 것이 중요하다. 특정 부분에만 치중하여 전체 성장이 왜곡되거나, 한 부분이라도 문제가 생겨 전체 성장 과정에 해를 준다면 대나무 전체가 병드는 것과 같은 결과를 초래할 것이기 때문이다.

다만, 내가 지적하고 싶은 것은 영·유아기의 어린이들은 자연스러운 보호와 사랑을 받으며 자라야 한다는 원칙을 잊어서는 안 된다는 것이다. 자연스러운 것에 반대되는 것은 인위적인 것이다. 영·유아기에는 자연스러운 보호와 사랑이 70%, 인위적인 개입은 30% 정도로 최소화하는 것이 좋다고 생각한다. 자녀에 대한 욕심을 사랑으로 착각하는 부모들에게는 더욱 그렇다.

한번은 TV를 보다가 놀란 적이 있다. 일본 학자들의 주장을 소개하는 내용이었는데, 사람의 대뇌 중 지적인 기능을 담당하는 부분이 일찍부터 개발되고 발달하므로 언어 능력보다 먼저 발달시켜야 한다는 얘기였다. 그래서 아직 말도 못 하는 아기들에게 강아지 그림을 보여주며 '멍멍' 소리를 내게 하고, 고양이 그림을 보여주며 '야옹야옹' 흉내를 내도록 하는 교육 방법을 소개했다. 여러 차례 반복해서 강아지 그림을 보여준 후에 아기에게 '멍멍' 소리를 내게 하거나 고양이 소리를 들려주면서 아기가 고양이 그림을 찾아내도록 훈련시켰다.

결론적으로 흉내를 잘 내는 아기들은 다른 아기들보다 지능이 앞섰으며, 그렇지 못한 아기들은 더 많이 훈련시켜 두뇌를 개발해야 한다고 했다.

나는 그런 장면을 보면서, 이는 인간 교육이 아니라 동물 훈련에 가깝다고 생각했다. 당시 일부 어머니들이 얼마나 생각이 없으면 저런 주장에 솔깃하는지 모르겠다는 탄식을 금할 수 없었다.

방송국에서는 그 훈련에서 다른 아기들보다 앞섰던 아기들이 유치원과 초등학교에 진학했을 때 과연 남보다 앞선 지능을 갖고 있었는지 살펴보았지만, 전혀 그 흔적을 찾을 수 없었다고 했다.

나는 오히려 눈에 띄지 않는 더 큰 피해가 있었을 것이라고 확신한다. 자녀 교육을 동물의 훈련과 동일시할 정도로 인위적인 교육을 한다면 그 결과는 어떻게 될까?

어리석은 사람들이 사이비 종교나 미신에 빠지듯이, 교육의 본질을 모르는 어머니들이 비교육적인 훈련이나 행사에 맹목적으로 추종하는 경우를 자주 보게 된다. 안타까울 따름이다.

또 미국에서는 어머니들이 갓난아기들을 물속에 넣어 스스로 수영을 하도록 이끌어 주는 사례가 있다. 모든 동물은 배우지 않고도 태어날 때부터 수영을 하게 되어 있는데 사람만 그런 기회를 얻지 못했기 때문에 나이가 들어서야 수영을 배우게 된다는 이유에서였다. 강아지가 헤엄을 치고 송아지가 수영을 하듯 아기들도 자연스럽게 수영을 습득하게 해야 한다는 주장이었다. 물론 사람도 동물의 일종이므로 그럴 수 있다. 그러나 그런 식의 헤엄치기로 인해 정서적 충격이나 불안감을 조성한다면, 신체적 이득보다 정신적 피해가 더 크지 않을지 우려스럽다.

그렇게 일찍 헤엄을 치게 했다고 해서 훗날 더 좋은 수영 선수가 되는 것도 아니다. 나이가 들면서 물에서 노는 것을 즐기고 수영을 배우게 되었다고 해서 크게 손해 볼 것도 없지 않은가?

수영을 늦게 배운 사람이 훗날 수영 실력에서 뒤처진다는 법도 없다. 동물들은 헤엄 방법이 모두 같다. 그러나 인간의 수영 방법과 자질은 사람에 따라 천차만별이다. 수영을 일찍 시작해야 수영 선수가 된다는 원칙은 어디에도 없지 않은가? 사람은 기어다니고, 일어서고, 걷고, 뛰어다니는 것이 자연스러운 성장 과정이다. 그러는 동안에 수영도 배우고 공놀이도 하게 된다. 그렇다고 해서 큰 잘못은 없을 것이다.

동물들은 빠르게 성장한 후에는 그 성장이 멈춘다. 본능적인 성장이기 때문이다. 그러나 인간은 서서히 자라면서 오랜 기간 발전을 지속한다. 지능이 꾸준히 성장하기 때문이다. 내가 걱정하는 것은 영·유아기에 지나치게 인위적인 교육을 요구하거나 강요하는 일이다.

인간은 지성이 발달하고 판단력이 생긴 후에는 스스로 배우고 깨달으며 성장한다. 이때는 노력도 해야 하고 어느 정도 선의의 경쟁이 필요해진다. 그러나 어렸을 때는 억지스럽지 않은 자연스러운 성장이 무엇보다 중요하다는 사실을 잊어서는 안 된다.

벼농사를 짓는 농부들은 못자리를 장만하고 모를 심은 뒤에는 필요한 정도의 비료를 제공하며 잡초를 제거해 준다. 비료도 필요 이상으로 주면 모가 말라 버린다. 잡초가 없는데도 모의 뿌리를 들추어내면 잘 자라지 못한다. 필요한 것은 충분한 수분과 태양 빛이다. 만일 남의 벼보다 빨리 자라게 하기 위해 벼 줄기를 잡아 빼는 농부가 있다면 그 결과는 어떻게 되겠는가?

　　영·유아기의 자녀들을 위해 무엇보다 소중한 것은 자연스러운 보호와 사랑이다. 어린 아기들의 입장에서 본다면 자연스러운 성장이다. 사랑이 있는 인간적인 성장이며, 이것이야말로 오래오래 자랄 수 있는 바탕이다.

부모의 역할,
보호와 자립 사이에서 균형 잡기

오래전 일이다. 미국 보스턴에 있는 어느 한국 가정을 방문한 적이 있다.

저녁 8시쯤이었다. 잠긴 문 앞에 서서 초인종을 눌렀는데 아무런 반응이 없었다. 그런데 집 안에서는 어린 아기 우는 소리가 계속 들려왔다. 아기가 우는 것으로 보아 집에 누군가 있을 것 같은데 인기척은 없었다. 한참 기다려 보다가 돌아서고 말았다.

하지만 아기 울음소리가 사라지지 않고 귓가를 맴돌아 몹시 불안해졌다. 혹시 어떤 사고라도 있었던 것은 아닌가 싶기도 했다. 한 시간쯤 후에 다시 그 집을 방문하기로 했다. 전화번호를 몰랐기 때문에 직접 찾아갈 수밖에 없었다.

초인종을 눌렀더니 부인의 목소리가 들리고 이어 남편이 문을 열고 나와 반겨 주었다. 방 안에 들어가 보니 어린 아기는 잠들어 있었다. 몇 분 대화를 나누다가 사실은 조금 전에 왔었는데 아기 울음 소리만 들리고 반응이 없어 걱정하면서 돌아갔다고 말했다.

내 얘기를 들은 부인은 "아마 그랬을 거예요. 아기를 재워 놓고 영화를 보러 갔다 왔거든요"라고 말했다.

"그러다가 아기에게 무슨 일이라도 생기면 어떡하지요?"라고 물었더니, 육아법에 관한 책을 읽어 보았더니 아기들이 우는 것은 자연스러운 현상이기 때문에 내버려두는 것이 좋다고 씌어 있더라고 대답했다. 미국식 육아법이어서 그런지 그 부인은 자신만만한 표정이었다. 그러고 보면 미국에 사는 젊은 부부들은 대개 그런 육아법에 따르는 것 같았다.

아기를 양육하는 방법에 대한 문제가 바로 여기에 있다. 전통적인 한국 가정에서는 아기들을 과잉보호하여 자립심을 약화시킨다. 그러나 미국과 같은 나라에서는 아이들을 일찍부터 자립시키기 위해 부모의 품에서 가능한 한 독립시키려 한다.

실제로 내 친구 중에는 초등학교 5학년 때까지 어머니 젖을 먹던 아이도 있었다. 그 친구는 학교에서 돌아오면 베틀에 앉아 베를 짜시던 어머니 품으로 파고들곤 했다. 우리 어머니들은 아기를 다른 방에 재우거나 곁에서 떼어놓는 일이 드물었다. 손만 뻗으면 닿는 곳에 아기가 있어야 마음이 놓이기 때문이다.

반면, 미국 부모들은 아이를 옆자리나 같은 방에서 재우지 않고, 아기가 울며 떨어지지 않으려 해도 다른 방에서 자도록 한다. 어떤 아이들은 부모가 자는 방문 앞까지 왔다가 되돌아가기도 하고, 혼자 자는 것이 싫어 인형을 껴안고 잠드는 모습도 흔히 볼 수 있다. 때로는 옆방에서 아이 우는 소리가 들리는데도 부모는 태연하게 TV를 시청한다. 울음소리가 그치면 방문을 열어 잠든 것을 확인하고 돌아가곤 한다.

우리 어르신들이 보기에 자녀를 저렇게 귀찮아할 바에야 왜 낳아 키우냐고 묻고 싶을지도 모른다. 그러나 그들의 입장에서는 그것 또한 자녀를 사랑하는 방식이다. 우리는 온정에 치우쳐 아이들의 자립심을 약화시키기 쉽지만, 그들은 정보다는 합리적인 양육이 아이들의 장래를 위한 방법이라고 생각한다.

우리의 어머니들은 아이가 뛰어가다 넘어지면 달려가 일으키면서 아이보다 먼저 안타까운 감정을 토로하며 걱정한다. "이걸 어쩌지, 입술이 터져 피가 흐르는구나." 그 말에 아이는 대단치 않은 일이라 넘어가려 하다가도 어머니의 걱정이 전염되어 "으앙" 하고 소리를 지르며 울고 만다.

그러나 현명한 부모들은 넘어진 아이 옆으로 가서 "어서 일어나 봐. 옷의 먼지를 털고 신발을 바로 신어야지. 여기 휴지 있으니까 피를 닦자. 다른 데는 다친 데 없지? 그런데 왜 넘어졌을까? 돌아서서 살펴보기로 하자. 여기 돌부리에 걸린 모양이구나. 다음부터는 달릴 때 돌부리를 조심해야겠다"라면서 아이에게 이성적으로 상황을 설명한다.

아무래도 후자의 방식이 아이로 하여금 생각할 여유를 갖게 하고 스스로 개선하는 자립심을 기를 수 있도록 도와주는 부모다운 처사가 아닐까?

과잉보호와 자립심의 문제는 시대와 지역을 막론하고 늘 교육의 과제로 다뤄져 왔다. 내가 보기에 서구인들, 특히 미국 부모들은 자립심과 능력 개발을 너무 중시한 나머지 아이들의 정서적 안정과 신뢰감을 약화시키는 것 같다. 그렇게 자란 아이들이 남을 믿거나 협력하려는 자세를 갖추고, 온정이 있는 가정을 이끌어 갈 수 있을지 우려되기도 한다. 서구인들이 동양인들보다 신경증 환자가 더 많고 다양한 성 정체성을 지닌 이들이 늘어나는 것도 이와 무관하지 않을까 생각한다. 외롭게 자라는 것이 반드시 자립심을 기르는 것과 이어지는 것은 아니다.

나처럼 어렸을 때부터 병약한 데다 정서적으로 불안정하게 자란 사람은 동양에 태어난 것에 감사한 마음이 든다. 서구식 가정에서 자랐다면 아마 폐인이 되었을지도 모른다. 어머니의 품과 따뜻한 가정이 있다는 생각은 병아리들에게 어미 닭의 날개 밑이 있고, 새들에게 둥지가 있는 것과 같은 안정된 느낌이 아닐까?

그렇다고 해서 많은 한국의 어머니들처럼 자립하려는 의지를 약화시키고 독립심을 키워 주지 못한다면 그 폐단은 더욱 큰 문제다. 자식들이 실수할까 봐 늦도록 경제권을 거머쥐고 있는 부모들을 보면 답답하기도 하다.

어쨌든 의존심에서 독립심으로 나아가는 과정은 교육의 필수과제 중 하나다. 획일적인 견해나 판단은 있을 수 없다. 다만, 태어날 때부터 건강이 좋지 못한 아이들은 건강한 아이들보다 좀 더 따뜻한 보호가 필요할 것이다. 어떻게 보면 어머니는 보살핌의 역할을, 아버지는 자립정신을 키우도록 배려하는 역할을 맡는 것도 좋을 것이다.

의존심에서 자립심으로 가는 과정은 너무 일러도, 너무 늦어도 좋지 않다. 어떤 식으로든 자녀들에게 피해를 주기 때문이다.

아이들이 잘 자라도록 해주는 것은 자주적인 판단과 독립적인 사고를 하도록 도와주는 일이다.

한때 우리나라에서 '새 교육'이라는 말이 유행한 적이 있다. 이는 전통적으로 부모와 교사에 대한 순종을 교육의 근간으로 삼았던 방식에서 벗어나 부모와 교사가 자녀 및 학생과 함께 가는 교육이다. 나아가 최근에는 자녀와 학생이 주도적 역할을 수행하고 부모와 교사가 후방에서 지원하는 형태로 교육 패러다임이 변화하였음을 의미한다.

과거에 '부모님의 말씀을 잘 들어야 한다'는 가르침은 언제 어디서나 옳은 것으로 여겨졌다. 이는 '효'의 개념과도 직결되었다. 학교 교육 역시 '선생님의 말씀을 잘 따라야 한다'는 원칙이 당연시되었다. 당시 교육의 주체는 가정에서는 부모, 학교에서는 교사였으며, 자녀와 학생은 이들의 지도를 따르는 역할에 머물렀다.

그러나 이러한 교육 방식은 자녀가 부모를 능가하거나 제자가 스승보다 유능하게 성장할 수 있는 가능성을 저해한다는 인식이 대두되었다. 이에 따라 바람직한 교육은 부모와 자녀가 상호 대화하고 의견을 교환하며 함께 성장하는 개념으로 전환되었다. 상호 소통을 통해 성장을 촉진하는 책임이 교육의 중요한 과정으로 인식된 것이다.

필자 같은 세대는 수동적으로 뒤따르는 교육 환경에서 성장했으나, 교사이자 부모가 되었을 때는 함께 가는 교육으로 변화했다. 이러한 변화는 현재 자녀와 제자가 주도적인 위치에 서고, 부모와 교사가 후방에서 지원하며 필요한 경우 협력하는 교육 형태로 발전하였다. 이것이 자녀가 부모를 능가하고, 제자가 스승보다 뛰어난 역량을 갖추도록 양성하는 것을 교육의 새로운 목표로 설정하게 된 배경이다.

    부모나 교사의 뒤를 수동적으로 따르기만 하는 전통적 교육 방식의 한계를 넘어선 교육에서 중요한 것은 아이와 함께 가며 이끌어 주는 시기와 스스로 앞서나가게 할 시기를 적절히 조절하는 것이다. 늘 함께할 수도 없고, 그렇다고 너무 이른 시기에 아이에게 주도권을 부여하는 것도 지혜롭지 못하고 비교육적인 결과를 가져올 수도 있기 때문이다.

    자식을 키워 본 사람들은 딸보다 아들에게 더 일찍 독립심을 길러 주어야 한다고 생각하기도 한다. 하지만 이는 결코 일률적으로 적용될 수 없다. 발달장애가 있거나 더딘 아동은 늦도록 보호를 받아야 하는 경우도 있다.

    나는 딸 넷을 키워 보았다. 둘째는 유달리 부모의 도움을 필요로 하는 편이었고 넷째는 다른 아들들보다도 자립심이 강한 편이었다. 물론 다 자란 후에는 성격이 비슷해졌으나 성장기에는 그처럼 달랐다. 그런 차이로 인해 개성이 생기는 것이고 저마다 재능의 방향이 다르기 때문에 색다른 인생을 살게 되는 것이 아니겠는가.

이런 관점에서 볼 때, 부모와 교사의 중요한 과제는 자녀와 학생들이 보호를 받아야 할 기간과 자립심을 가지고 주도적으로 나아가야 할 시기를 현명하게 구분하여 이끌어 주고 도와주는 것이다. 자녀와 제자의 성장은 부모와 교사의 보호 아래에서 자립하고 독립적인 인격을 형성해 나가는 과정으로 이해되어야 한다. 다만, 동양에서는 지나친 과잉보호가, 서구에서는 너무 이른 자립심과 독립심 강조가 우려된다.

이에 대해서는 일률적이거나 획일적인 원칙이 적용될 수 없다. 핵심은 개개인이 독립적인 인간으로서 꿋꿋하고 슬기롭게 성장할 수 있도록 어떻게 지원할 것인가에 있다. 자립심을 충분히 갖춘 자녀와 제자에게까지 과도하게 간섭하는 것은 현명하지 못하다. 한국의 부모와 교사들은 이 점에 대해 깊이 숙고하고 배려해야 할 것이다.

스승을 닮게 하는 교육,
스승을 넘어서는 교육

　언제쯤 교육의 본질이 무엇인지 알게 될까.
　학창 시절에는 교육이 무엇인지 온전히 알기 어렵다. 교육을 받기만 하는 기간이기 때문이다. 또한 체계적인 학업 경험이 부족한 사람 역시 교육의 진정한 가치를 이해하기 쉽지 않다. 교육은 교육을 받은 자가 가르치는 방식으로 이루어지기 때문이다. 일부 청소년들은 뛰어난 지적 능력으로 검정고시나 자격시험을 통해 조기에 진학하기도 한다. 지적 성장에는 문제가 없을지 몰라도 전인적인 교육 측면에서는 결함이 생길 가능성이 있다.
　한때 사법고시와 법학전문대학원인 로스쿨 제도 중 어느 쪽이 법관으로서의 자질 함양에 더 적합한지에 대한 논란이 있었다. 당시 필자는 교육적 관점에서 로스쿨 제도가 더 바람직하다고 판단했다. 기억력 위주의 재능보다 풍부한 교육을 통해 폭넓은 인간성을 함양할 수 있다고 생각했기 때문이다.

　때로는 걱정스러운 사태를 접하기도 한다. 교육학자가 교육을 잘 모른다면 말이 안 되지만, 부분적인 기술에만 치우쳐 교육을 전체적으로 이해하지 못하는 경우를 자주 보게 된다.
　이와 관련해 두 가지 일화를 소개한다.
　하나는 공화당 정권 때의 일이다. 전주에서 전국교육자대회가 개최되었다. 그때 '과학 하는 교육' '과학 하는 마음'이 주요 교육 과제로 채택되었고, 그 후로 어디를 가든 그런 구호가 나붙곤 했다.

그때 약간 놀라운 소식이 전해졌다. 거기에 모였던 교육학자의 80% 정도가 사립 초등학교를 없애는 데 찬성했다는 뉴스였다. 나 자신도 그 의도를 도저히 이해할 수 없었다. 대회에 참석했던 선배 교수에게 어떻게 그런 여론이 형성되었는지 물어보았다. 그의 대답은 뜻밖에도 "아마 스쿨버스 때문이었을 것"이라고 했다. 공립 학교에는 스쿨버스가 없지만 사립 학교에만 스쿨버스가 있어 위화감을 조성한다는 이유로 사립 학교를 없애야 한다는 주장이 제기되었다는 설명이었다.

언젠가 필요하면 공립 학교가 스쿨버스를 이용할 수도 있는데, 먼 거리에서 다니는 사립 학교 어린이들이 스쿨버스를 이용한다는 이유로 학교 자체를 없앤다는 논리를 도저히 이해할 수 없었다. 사립 학교 폐지에 찬성했던 교육학자들 중 상당수가 미국에서 민주주의 교육을 연구하고 온 사람들이었다. 지금 생각해 보면 그런 생각들이 한국 교육의 현주소를 만들었을지도 모른다.

다른 하나는 1988년 노태우 대통령 취임 직후의 일이다. 당시 교육부 장관이 지방 국립대학 두 곳의 학장 임명을 위해 대통령의 재가를 요청하자, 대통령은 "대학 총학장을 교육부에서 임명한다면 6·29 선언 이전과 달라진 것이 없지 않느냐, 좀 더 민주적인 방법은 없을까?"라고 되물었다. 이에 장관이 대통령의 생각을 다시 묻자, 대통령은 "교수들이 직접 선출하는 것이 민주주의적 방식이 아니겠느냐"는 의견을 제시했다. 교육부로 돌아온 장관은 고육부 고위 간부들에게 대통령의 뜻을 전했고, 간부들은 "그렇게 되면 자신들의 역할이 없어지는 것이 아니냐"는 우려를 나타냈다. 결국 교수회에서 두 명을 선출하고 교육부가 그중 한 명을 임명하는 방식으로 결론이 났다.

이 일화를 접하면서 대한민국 교육부 장관이 군 출신 대통령에게서 민주주의를 배워야 할 처지가 되었으니 우리나라 교육의 현실이 암담하다고 생각했다. 더욱이 그 장관은 잘 알려진 교육학자였으며 동료들의 추천을 받아 임명된 인물이었다.

나는 차라리 교육부를 폐지하는 편이 우리나라 교육 발전에 도움이 되지 않을까 의문을 갖곤 한다. 실제로 상당수의 선진국에서는 우리와 같은 형태의 교육부를 두지 않고 전국의 교육을 총괄하는 교육위원회를 운영하고 있기 때문이다.

이런 관점에서 보면 교육학자를 비롯한 교육 행정가들이 교육의 본질을 모른다는 이야기가 성립하는 셈이다. 부분적인 기술적 지식은 있어도 교육의 이념과 철학이 부재하기 때문이다.

미국에서도 교육학자가 대학 총장이 되는 경우가 드물며, 설령 총장이 되었다고 해도 성공하지는 못했을 것이라는 견해가 일반적이라고 한다. 한때 일본에서는 사범학교 출신이 교육을 병들게 했고 사범 대학 출신이 교육 정책을 그르쳤다는 평가가 있었다.

 그렇다면 누가 교육을 제대로 이해하는가. 가장 위험한 상황은 통치자, 즉 우리나라의 경우 대통령이 교육을 좌우하게 되는 경우다. 실제로 박정희·전두환 대통령 시절 교육이 병들었으며, 김영삼 대통령 또한 교육에 대한 이해가 부족했다는 평가가 있다. 궁극적으로 교육은 교육 현장에 참여하는 교육자들과 교육에 폭넓은 관심을 가진 이들의 중지를 모아 발전적으로 개선되어야 한다.

 나는 교회 학교에 다니며 배우기도 하고 가르쳐도 보았으며, 초등학교에서 3~4년, 중고등학교에서 10년간 교편을 잡기도 했다. 사립 학교의 비중이 더 크긴 했지만 사립 학교와 공립 학교를 고루 경험했다. 또한 대학 교육을 받은 후 30여 년간 대학에서 학생들을 가르쳤다. 교육 이외의 직업을 가져본 적이 없다. 정년 이후에도 누구보다 폭넓게 사회 교육의 일선에서 활동해 왔다. 나는 앞으로도 사회 교육은 계속될 것이라고 믿는다.

 흥미롭게도 초등 교육 현장을 떠나면서 비로소 초등 교육의 본질을 알게 되었고, 중고등학교에서 대학으로 옮겨오면서 중고등 교육의 중요성을 깨달았다. 대학을 떠나 사회 교육에 참여하면서야 대학 교육이 개선되어야 할 방향에 대한 인식을 얻게 되었다.

 그렇다고 해서 나에게 교육에 자신이 있느냐고 묻는다면 그렇지는 않다. 다만, 무엇이 잘못되었고, 앞으로 어떤 방향으로 나아가야 할지에 대해서는 분명한 감각을 갖게 되었을 뿐이다. 박정희 대통령이 중고등학교를 인위적으로 평준화시킨 데 반대한 것도 나의 신념이었고 전두환 대통령 시기에 대학 입시를 국가 주도로 운영하는 것을 비판하고 반대한 것도 나의 강한 소신이었던 것은 사실이다.

김영삼 대통령이 추진했던 교육 개혁이 왜 난관에 봉착하게 되었는가. 교육개혁위원회에서 혁신적인 청사진을 제시했으나 그 청사진에 걸맞게 집을 지을, 즉 교육 현장을 이끌어 나갈 교육자가 없는 것이 문제였다.

교육은 서둘면 서둘수록 모순에 빠지게 된다. 교육개혁위원회의 개혁안에 반대하는 현장 교육자가 절대다수였다는 점이 그 사실을 잘 반영한다. 개혁안이 잘못되었다기보다는 20년이라는 단기간에 완성하기 어려운 설계도였다는 점과 교사들이 그 설계도대로 집을 짓기에는 크게 역부족이었다는 점이 문제였다. 학부모들의 비교육적인 선입관은 접어두더라도 그랬다.

그러나 실망해서는 안 되며 단념하거나 포기하는 것도 잘못이다. 모든 관계자가 중지를 모아서 서서히 개선해 나가는 노력이 필요하다.

내가 답답함을 느꼈던 이야기 하나를 소개하려고 한다. 우리 교육의 현주소를 보여주는 사례.

우문현답이라는 말이 있다. 어리석은 질문에 지혜로운 대답을 했을 경우를 가리킨다. 대개 자기중심적인 생각을 하는 사람들이 어리석은 질문을 하고 객관적 사리 판단을 내리는 사람이 지혜로운 대답을 하곤 한다.

한국전쟁 당시 부산 초량초등학교 강당에서 전국교육자대회가 열린 적이 있다. 이때 이슈가 되었던 새로운 교육을 위해 미국에서 파견된 5명의 교육 사절단원이 일주일간 교육 세미나를 진행했다. 주로 우리나라 초등학교 교장들과 중고등학교 교감들이 참석하게 되어 있어서 당시 중앙중고등학교 교감직을 맡고 있던 나도 이 행사에 참여했다.

세미나 마지막 총회에서 서울의 한 대표적인 초등학교 교장이 "미국에서는 학생 중에 산만하거나 교사의 지시를 따르지 않는 말썽꾸러기들을 어떻게 지도합니까?"라고 질문했다. 질문을 받은 사절단원들은 즉시 답변하지 못하고 서로를 바라보다가 한 단원이 대답했다. "우리 미국에서는 그러한 학생들을 걱정하지 않습니다. 이번에 미국 대통령으로 선출된 아이젠하워가 초등학교 재학 시절 바로 그러한 학생이었습니다." 한국 교육자들에게는 예상치 못한 뜻밖의 답변이었다. 당시 우리의 교육적 사고방식에서는 앞뒤가 맞지 않는 답변이었기 때문이다.

또 하나는 요한 바오로 6세가 교황으로 선출되었을 때의 일화다. 교황의 초등학교 시절 담임 선생님이 아흔이 넘은 나이에도 생존해 있었다. 기자들이 "선생님이 가르쳤을 당시 교황 바오로 6세는 어떤 학생이었느냐"고 묻자, 노 선생은 "우리 반에서 공부할 때는 몹시 장난치고 떠드는 학생이었는데, 그분이 이번에 교황으로 선출되었다"며 흐뭇해하는 표정이었다는 기사를 읽은 적이 있다.

    이러한 사례들에 비추어볼 때, 우리 교육은 어딘가 크게 잘못되어 있음에 틀림없다. 우리는 인위적인 교육보다는 인간성의 자연스러운 발현을 존중하는 교육을 더욱 중요하게 여겨야 한다. 스승의 뜻에 맞는 제자를 양성하기보다는 스승과 다를지라도 더 큰 가능성을 펼쳐나갈 수 있는 교육을 지향해야 할 것이다. 학부모들도 마찬가지로 이런 인식의 전환이 필요하다.

아이를 살리는
유소년기 교육의 세 가지 원칙

학교 교육과정에서 유치원과 초등학교 기간에 해당하는 유소년기에 가장 중요하게 지켜야 할 교육적 원칙은 다음 세 가지다.

첫째 원칙은 '자연스러운 성장'을 뒷받침해 주는 것이다.

생명력을 갖춘 만물이 발전하는 절대 조건은 자연스러운 성장이다. 인간의 신체도 그 점에 있어서는 예외가 없다. 아무리 훌륭한 의사라고 해도 환자가 자생력을 상실하면 의료와 약물만으로는 완전한 치료가 불가능하다. 자생력에 기반한 건강의 가능성을 돕는 것이 의료의 원칙이다.

한때 프랑스의 철학자이자 교육학자인 J.J. 루소가 그의 저서 『에밀』에서 제시한 교육철학 사상이 큰 관심을 모은 적이 있다. 계몽주의 사상의 선구자이기도 했던 루소는 진정한 교육의 대부분은 자연스러운 성장을 뒷받침하는 데 있다고 믿었다. 자연스러움과 병행하는 것이 인위적인 교육 방법인데, 자연스러움이 철학적인 근원성을 가리킨다면, 인위적인 것은 과학적인 방법에 치우치는 듯한 인상을 주기도 한다.

문제는 학교 교사들보다 일부 학부모들, 특히 어머니들이 인위적인 교육이라고도 볼 수 없는 자녀에 대한 주관적인 욕심에 빠져 비교육적인 과오를 범하는 경우가 빈번하다는 점이다.

이런 점을 생각해 보자.

양계 업계에서는 단기간에 많은 달걀을 얻기 위해 다양한 과학적 방법을 동원한다. 닭들이 운동을 많이 하지 못하도록 좁은 공간에서 사육하며, 밤낮없이 전등을 켜놓아 24시간 내내 모이를 먹고 산란을 하도록 한다. 사료도 기술적으로 배합해 살을 찌우고 산란율을 높이는 여러 수단을 활용한다. 이처럼 짧은 기간에 최대한의 산란을 유도한 뒤에는 육용으로 팔아넘긴다. 결과적으로 닭들은 제 수명을 다 누리지 못하고, 오직 달걀 생산을 위한 도구로 전락해 버리고 만다. 산란 능력이 감퇴하면 다른 닭으로 대체해 버리면 그만이다.

우리도 자칫 인위적인 교육에 치우쳐 어린이들이 부모의 욕망을 위한 수단으로 바뀌고 있는 것은 아닌지 걱정스럽다. 그런 불행한 잘못을 저지르는 어머니들이 너무 많다.

한 어머니의 경우를 보자. 아침에 겨우 일어나 피곤해하는 아이에게 건강에 좋다는 이유로 아이가 좋아하지도 않는 음식을 강요한다.

학교에서 돌아오면 미술 학원에 보내 남보다 더 잘 그리도록 요구하고, 이어서 피아노나 바이올린 교습소로 보내 미래에 뛰어난 연주가가 되라고 부추기기도 한다. 여기서 그치지 않고, 학교 성적이 뒤처질세라 과외 공부를 시키는 경우도 흔하다. 한 어머니는 "모두가 과외 공부를 해서 충분히 예습해 오는데 우리 아이만 공부를 안 하고 가니 성적이 뒤진다"고 말한다.

논술이 사회적으로 중요해지면서 어린 시절부터 글짓기 학원에도 보낸다. 여기에 수영과 스케이트까지 배워야 하므로, 아이들은 눈코 뜰 새 없는 스케줄에 얽매여 고생할 수밖에 없다. 주말이나 휴일에도 다른 아이들보다 앞서게 하려는 욕심에 쉴 틈을 주지 않는다.

생각해 보라. 아직 온전히 자리 잡히지도 않은 능력을 쉴 새 없이 몰아붙이면 여유롭게 성장할 가능성은 병들고 만다. 과연 그 어린이의 행복은 누가 빼앗는 것인가. 심지어 이러한 영향은 청소년기까지 미치게 된다.

미국이나 다른 교육 선진국에 가보라. 유년기에는 자연스럽게 놀도록 허용한다. 공부 자체가 아이들에게 부담으로 작용하지 않는다. 친구들과 즐겁게 이야기하며 서로의 생각을 나누도록 이끌어 준다.

초등학교에서도 마찬가지다. 수학적 재능이 뛰어난 학생은 3학년임에도 4학년 학급에 가서 학습하기도 하고, 해외에서 온 영어가 서툰 어린이는 2학년 학급에서 다시 배우기도 한다. 아이들은 스스로 학습 방법을 찾아내어 즐겁게 배워 나갈 수 있다. 과외 공부는 거의 없다. 학교에서는 자신이 흥미를 느끼는 활동을 선택하여 참여할 수 있다. 대개 예능과 체육 분야에서 한 가지씩 선택해서 스스로 즐겁게 습득하도록 한다. 우리처럼 공부와 성적 위주의 평가를 받는 일은 없다. 한마디로 즐겁고 자연스럽게 성장하도록 이끌어 준다.

둘째 원칙은 교사와 부모가 제자와 자녀에게 긍정적인 태도로 대하는 것이다.

여기서 긍정적이라는 말은 두 가지 뜻을 포함한다. 하나는 가급적 강요하지 않는 것이다. 이것은 꼭 해야 한다거나 하지 않으면 안 된다는 식의 부담과 억압을 주는 것을 삼가는 것이다. 그 대신 '이렇게 하는 것이 좋지 않을까?' 또는 '지금은 마음에 내키지 않아도 수영은 일찍 배워두는 것이 좋아. 수영을 못 하면 생명의 위협을 겪을 수도 있으니까' 하는 식으로 권유하면서 이끌어주는 것이다. 부모나 선생은 방향과 목적을 제시해 주고 방법과 절차는 학생 스스로 택하는 여유를 주자는 뜻이다.

다른 하나는 꾸지람보다 칭찬하는 자세를 말한다. 아홉 번 잘못을 지적하고 책망하는 것보다 한 번이라도 '참 잘했어. 이다음에도 그렇게 하면 되는 거야'라며 칭찬하고 격려하는 태도로 대해야 한다.

과거의 우리 세대는 "하면 안 된다"는 지시가 너무 많았다. 그러나 지금의 어린이들은 자신의 능력을 인정받고 긍정적으로 평가받기를 원한다. 왜 공부를 못 하냐고 따지기보다는 "그림을 잘 그리는 것을 보면 공부도 잘할 것 같은데 좀 더 열심히 해보자"라는 권면이 더 효과적이다.

내가 중고등학교에 재직하던 시절, 뛰어난 자질을 지닌 한 학생이 있었다. 그 아이의 꿈은 야구 선수가 되는 것이었으나, 부모는 학업 성적이 부진하다는 이유로 야구를 허락하지 않았다. 더욱이 아버지가 치안국의 간부였기에 매우 엄격한 편이었다.

나는 그 학생에게 평균 점수가 10점만 더 오르면 야구부에 입단시켜 줄 것이고, 평균 점수가 80점까지 오르면 선수가 되도록 도와주겠다 약속했다.

그 학생은 본래 학업에 흥미가 없었고 사귀는 친구들의 성적도 좋지 않은 편이었으나, 야구를 하고자 하는 열망으로 열심히 공부해 결국 학업과 야구 모두에서 우수한 성과를 내는 모범생이 되었다. 이는 한 분야에서 긍정적인 평가를 받으면 다른 영역에서도 성장이 촉진될 수 있음을 보여주는 사례다. 만약 그 학생이 지속적으로 부정적인 책망만 들었다면 문제아로 전락했을지도 모를 일이다. 실제로 그의 친구 중 한 명이 그렇게 되었기 때문이다.

셋째 원칙은 유·소년기에는 절대적으로 정직하게 키워야 한다는 것이다. '인재(人材)'라는 말처럼 인간은 좋은 교육을 받아 쓸모 있는 재목감으로 성장해야 한다. 굽은 나무는 구부러진 채 자라기 때문에 재목 구실을 하지 못한다. 나무가 휘어지는 것은 자란 뒤가 아니다. 성장 과정에서 휘어지기 시작하면 그대로 큰 나무로 자라 버린다.

사람도 마찬가지다. 성격이 굽어지는 것은 다 자란 성인이 된 뒤가 아니라 성장기에 일어난다. 자랄 때 성격과 성질이 굽어지면 나이 들어서 좀처럼 바로잡지 못한다. 그래서 어렸을 때는 정직이 최고의 교육이다. 거짓말을 비롯한 부정직한 행위를 용납해서는 안 된다.

    오래전에 우리나라에 해외 고등학교 학생들이 교환학생으로 1년간 머물다 간 적이 있었다. 그 학생들의 다수가 "한국 부모들은 거짓말을 시킨다"라면서 놀라운 표정을 짓는 것을 보았다. 내가 한 학생에게 "예를 들면 네가 머물던 집의 아버지는 어떤 거짓말을 시켰지?"라고 물었더니, "어제 저녁에도 전화가 왔는데, 아버지가 '나 없다고 그래라'라고 말해 당황했다"라고 대답했다.

    한 여학생에게 "네가 지낸 가정의 어머니는 어떠셨냐?" 하고 물었더니, "학교에서 하라는 것에 대해 어떻게 할지 의논하면 어머니는 '선생님이 물으면 이러저러하게 대답해'라고 거짓말을 시켰다"라고 했다.

    결과적으로, 해당 외국인 학생들은 본국으로 돌아가 한국에서 대우는 잘 받았으나 실질적인 교육은 받을 수 없었다고 보고하여 교환학생 프로그램이 중단된 사례가 있다. 외국인 학생에게 숙식을 제공할 정도의 상류층 가정이었음에도 불구하고, 교육적 측면에서는 맹점을 드러낸 것이다. 특히 그 학생들의 가정에서는 한국 가정이 자녀에게 거짓말을 가르친다고 판단하며 매우 반교육적인 평가를 내렸다.

    교도소에 수감된 사람들의 성분과 성격을 분석해보면, 대개 지적 능력은 우수하지만 품성에 결함이 있는 경우가 많다. 그 결함의 핵심은 '거짓'이며, 이러한 부정직한 성격은 어린 시절의 습관에서 비롯된다.

이렇게 볼 때, 자연스러운 성장을 지원하고 긍정적인 평가를 제공하되, '정직'만큼은 절대적으로 지키도록 지도해야 한다. 외국 가정에서는 거짓말을 하는 아이들에게 저녁 식사를 주지 않거나 반드시 벌을 받게 하는 경우가 많다. 그러나 우리는 거짓말을 잘하는 어린이들을 두둔하거나 심지어 칭찬하는 경우까지 있으니 이는 교육의 심각한 맹점이 아닐 수 없다.

'사랑은 지혜를 낳는다'는 말이 있다. 그 말처럼 제자와 자녀들을 진정으로 사랑하고 그들의 개성과 인격과 미래를 응원하는 교사와 부모라면 스스로도 놀랄 정도로 지혜로운 가르침과 지도를 할 수 있게 될 것이다.

혼자보다 함께,
자녀 교육의 오래된 지혜

후배 교수들이 "우리는 아이들이 하나나 둘만 되어도 키우기 어려운데, 선배 교수들은 어떻게 그렇게 많은 자녀를 키웠는지 모르겠다"라고 이야기하는 것을 듣곤 한다.

구 교수는 6명, 배 교수는 7명, 조 교수도 6명을 키웠다. 나도 아들 둘과 딸 넷을 키웠다. 다른 세 교수는 고향이 이남이고 경제적 여유가 있었으니 자녀를 기르기가 비교적 덜 힘들었겠지만 나는 이북에서 온 실향민이었다. 마흔 살 전까지는 셋방살이를 하며 자녀를 길렀다. 후배 교수들의 이야기가 핀잔인지 감탄인지는 모르겠지만 그런 대화를 할 만도 하다. 우리 자녀들도 모이면 똑같이 "우리 부모님은 대단하셔. 어떻게 여섯 명이나 키웠을까"라고 얘기하며 웃는다. 아내는 "훗날 각 집을 돌며 두 달씩 머물면 1년이 금세 지나니, 너희 부담을 덜어주려고 여섯을 낳은 거야" 하고 응수하곤 했다.

후배 교수들은 하나나 둘밖에 안 되는 자녀들을 잘 키워서 자녀들이 모두 훌륭하게 자랐다. 나의 경우 자녀 여섯 명 중 셋이 외국에서 박사 학위를 취득하여 교수가 되었고 나머지 셋도 모두 석사 학위를 마치도록 했다. 자신들이 원하고 능력도 있었다면 그 아이들도 더 공부했을지 모른다. 다섯이 외국에서 공부했고, 셋은 현재 미국에서 살고 있다. 며느리 둘도 박사 과정을 마쳤고 미국에 있는 사위 셋은 의사로, 한국에 있는 사위 하나는 판사로 재직하고 있다. 자랑할 것은 못 되지만, 자녀들 모두 제각기 독립된 가정을 이루고 열심히 살아가고 있다. 아들들은 결혼 후 2년씩 함께 거주한 뒤 독립하도록 하는 가족 원칙을 따랐다. 그것이 각자의 자유를 보장하고 더 많은 활동을 가능하게 하기 때문이다.

경제적으로는 가난하게 출발했으나, 현재는 중상 정도의 생활을 영위하고 있다. 물론 욕심을 낸다면 한이 없겠지만, 자녀 교육에 크게 실패했다고 생각하지 않는다. 자녀들이 나름 부모 걱정을 하며 신경써 주니 그것으로 충분하다고 생각하며 산다.

이러한 개인적인 경험과 견해를 밝히는 것은 교육의 문제를 다루기 위해서다. 또 후배 교수들의 의문에도 대답이 될 수 있을지 모르기 때문이다. 자녀를 여섯이나 키우는 것이 양적으로는 부담스러워 보일 수 있다. 그러나 나무 한 그루를 키우기 위해 쏟는 정성보다 여러 나무를 함께 키우는 데 더 많은 노력이 필요한 것은 아니다. 자녀가 외동으로 자랄 경우 홀로 자라는 나무가 쉽게 휘어지듯이 성격이 왜곡되기 쉽기에 자녀가 올바르게 성장하도록 많은 관심을 기울여야 한다.

반면, 여섯 명 정도의 자녀를 양육할 경우 (속된 표현일 수 있으나) 마치 돼지나 강아지 새끼들을 몰고 다니는 것과 같아 오히려 부모가 마음을 덜 쓰게 되는 측면이 있다. 그리고 함께 자라는 동안 자녀들 스스로가 서로에게 훌륭한 교육적 영향을 주고받는다. 옛말에도 부유한 가정에서 홀로 자란 사람보다 여러 형제자매가 함께 고생하며 자란 사람이 인간적으로 원만하고 유능하다는 이야기가 있다. 여섯 마리의 새끼 돼지가 함께 몰려다니며 저절로 자라듯이, 먹을 것이 부족한 환경에서는 편식할 여유가 없으며, 서로 다투기도 하고 돕기도 하는 과정에서 모나지 않은 인간관계가 자연스럽게 형성된다.

여러 측면에서 비교해 볼 때, 홀로 자라는 것보다 더불어 자라는 것이 자녀의 성장과 발달에 더 도움이 되며, 교육적으로도 긍정적인 평가를 받을 수 있다.

그래서 핵가족 제도에서 사는 사람들은 홀로 자라는 단점을 극복하기 위해 여러 가지 노력을 한다. 아기를 어린이집이나 유치원에 보내는 것은 부모가 일터로 가기 위해서만은 아니다. 어린이집에서 더불어 자라는 훈련을 쌓도록 해주기 위해서다.

초등학교나 중학교 과정에서는 여름방학을 이용해 놀면서 공부하고 공부하면서 친구를 사귈 수 있는 캠프에 보낸다. 이처럼 홀로 자라는 것의 단점을 극복하도록 돕는다. 아주 어린 경우가 아니면 부모가 캠프에 동반하는 일은 별로 없다.

사람의 본성은 누구나 다 같다. 여럿이 함께 있을 때는 홀로 있고 싶어지고, 홀로 있는 시간이 길면 다른 사람과 함께 어울리고 싶어지는 것이 인지상정이다. 홀로 자라는 아이들은 말로 표현하지 않아도 더불어 있기를 원한다.

그런데 나처럼 여섯을 키우면 특별히 그런 기회를 만들어 주지 않아도 된다. 자기들끼리 다투기도 하지만 그러는 동안에 많은 것을 배우면서 자란다.

다만, 부모들이 조심해야 하는 것은 아이들을 서로 비교하면서 칭찬하거나 책망하는 일이다. "네 형을 보아라, 네 성적은 그것이 말이 되느냐?"고 책망하거나 "나는 네 행동을 보면 다른 형제들에게 영향을 줄 것 같아 걱정스럽다"라는 식으로 형제자매 간에 경쟁의식을 불러일으키면 이다음에 서로 사랑하고 협력하는 데 안 좋은 영향을 미치게 된다.

생각이 부족한 부모들은 때로 자녀들을 편애하여 여러 아이 중 특정 자녀에게만 특별한 사랑을 주고 다른 자녀는 덜 사랑하는 잘못을 저지르기 쉽다. 내가 잘 아는 한 어머니는 셋째 아이를 유독 싫어하는 모습을 보였는데, 자기 자신도 그 아이를 임신했을 당시 남편의 외도 때문에 아이에 대한 사랑의 줄이 끊어진 것 같다는 자책감을 호소하기도 했다. 하지만 그런 편애는 절대로 있어서는 안 된다. 자녀에게 대한 사랑의 부족이나 편애는 전적으로 부모의 책임이지, 자녀의 잘못이 아니기 때문이다.

나는 따로 살고 있는 손자녀들이 가급적 자주 만나 교류할 수 있도록 신경 쓰고 있다. 딸만 둘을 기르는 자녀의 집을 보면 항상 가벼운 질투와 싸움이 벌어지곤 한다. 아들과 딸을 함께 기르는 집에서는 어린 딸이 오빠에게 늘 윽박지름을 당하면서도 따라다니는 모습을 볼 수 있다. 이는 경쟁의식과 부모의 사랑과 칭찬을 받고 싶은 욕심에서 비롯되는 자연스러운 현상이다. 단순히 '그렇게 하지 말라'고 나무라거나 이유를 따진다고 해서 해결될 문제는 아니다.

    이러한 이유로 사촌이나 외사촌 형제자매들과 어울려 놀고, 때로는 하룻밤씩 묵으며 지낼 수 있도록 해준다. 그러는 동안 아이들은 형제자매에 대한 그리운 마음도 배우고, 새로운 것을 경험하기도 한다. 특히 미국에 사는 손자들에게는 어릴 때부터 부모와 함께 한국을 방문할 기회를 자주 만들어 주었는데, 이는 아이들이 다양한 생활 경험을 통해 견문을 넓히기를 바라는 마음에서 비롯된 것이다.

    그러나 여기서 한 가지 고려해야 할 점이 있다. 아이들이 자기들끼리는 자주 만나고 함께 자라도록 해주는 것은 좋지만, 조부모들과 너무 자주 만나거나 긴 시간을 함께 머무는 경우에는 조부모들의 교육적 지혜가 아쉬운 때가 있다.

    어디선가 읽었던 기억이 있다. 미국의 아이젠하워 대통령은 외손자가 보고 싶을 때 두 시간 정도의 양해를 구하고 아이를 데리고 지내다가도 시간이 되면 꼭 돌려보냈다고 한다. 왜 좀 더 오래 데리고 있지 않느냐는 질문에 그는 "아이들은 젊은 부모와 자라야지, 늙은 조부모와 오래 있으면 교육적으로 좋지 않다"는 견해를 피력했다고 한다. 할아버지와 할머니는 대개 아들딸보다 손자녀를 더 쓰다듬어 주고 사랑하고 싶어 한다. 그런데 이상하게도 어르신들은 손자를 손녀보다 더 좋아한다거나, 자신의 아들딸들에게 가졌던 편애를 손자녀들에게도 드러내곤 한다.

나는 장손으로 자랐다. 우리 할머니는 손녀들에게 "너희는 저쪽에 앉아라. 장손 너만 옆에 앉거라"라며 손녀들을 푸대접하곤 했다. 세뱃돈을 줄 때도 다른 아이들 몰래 나에게만 더 쥐어주면서, "아무에게도 말하면 안 된다"라고 타이르곤 했다.

그러므로 가능하다면 아들딸과 며느리가 아버지나 어머니에게 아이를 맡기는 편이 더 교육적이라고 생각할 정도로 조부모들이 지혜로워야 한다. 그런데 지혜로운 조부모가 되는 것은 대단히 어렵다. 내 큰 외손녀의 이름은 '은'이다. 그래서 우리는 딸과 사위를 부를 때 '은이 아빠' '은이 엄마'라고 한다. 그런데 '은'이의 친할머니는 '은이 아빠'나 '은이 엄마'라고 부르지 않고, '건이 엄마'나 '건이 아빠'라고 부른다. 그 집 아이들 넷 중 막내 이름이 '건'인데 그 아이가 아들이기 때문이다. 그래서 손녀들이 우리 할머니는 '은이 할머니'에서 '건이 할머니'로 바뀌었다면서 웃곤 한다.

이처럼 조부모는 자신도 모르는 사이에 자신이 성장하며 체득한 인습적 사고방식과 습관을 손자녀들에게 물려주곤 한다. 물론 이것이 모두 나쁜 것은 아니지만 지나치면 최선의 교육이 되지 못할 수도 있다.

교육은 본질적으로 인간관계 속에서 이루어진다. 아이들이 너무 외롭게 자라는 것은 좋지 않으며 지나치게 번잡스러운 대인관계도 바람직하지는 않다. 항상 더 의미 있고 교육적인 인간관계를 선택하도록 노력해야 한다.

다만, 공통적으로 중요한 과제는 어릴 때는 다른 사람과 더불어 성장하는 기간을 가질 수 있도록 이끌어 주고, 청년기에는 홀로 있는 시간을 가질 수 있도록 도와주는 것이다. 특히, 사춘기를 지나면 사람을 그리워하면서도 혼자만의 시간을 원하는 것이 보통이다. 정신적인 성장이 필요한 시기이기 때문이다.

사춘기를 지나 청년기에 접어들면서는 아이들 스스로 선택할 수 있도록 방향을 잘 이끌어 주는 것으로 충분하다. 홀로 있기를 원하는 아이들이 예술적인 성향을 키우며 사색하는 분위기를 찾을 수 있고, 폭넓은 대인관계에서 원만한 사교성을 키운 아이들은 훗날 리더십을 갖추게 될 수도 있다. 이 시기에는 지나치게 간섭할 필요가 없다.

어떤 사람들은 청년기와 장년기를 넘긴 노년기에는 다시 더불어 있기를 원한다고 말한다. 경제활동에서 자유로워지고 사회생활에서 멀어지게 되면 외로움과 고독을 느끼게 되므로 더불어 사는 삶이 그리워지기 때문이다. 이렇게 보면 인간은 '더불어'에서 '홀로'의 길을 택했다가 다시 더불어 사는 삶을 찾는 것 같다.

자녀 교육의 속도 조절법,
마라톤과 100m 단거리의 차이

　나의 여섯 자녀 중 셋은 서울에, 셋은 미국에 살고 있다. 따라서 서울의 손자녀들은 한국식 교육을, 미국의 손자녀들은 미국식 교육을 받으며 성장하는 모습을 지켜보았다.

　두 교육 방식을 비교해 보면 확연한 차이가 드러난다. 미국 아이들은 마치 42킬로미터 마라톤을 달리듯 초등학교와 중학교 때는 천천히 걷는 방식으로 교육을 받는다. 그러다 고등학교 때부터 본격적으로 달리기 시작해 대학원을 마치고 사회인이 되어서까지 꾸준히 속도를 낸다. 그 결과, 인생의 장거리 마라톤을 즐겁고 행복하게 완주하는 경향을 보인다.

　이에 반해 한국의 손자녀들은 초등학교 시절부터 100미터 단거리 달리기를 하듯 쉬지 않고 뛰어야 한다. 중학교에 이르면 이미 지쳐 버리고, 고등학교 기간은 오로지 대학 입시를 위해 무조건 속력을 내어 뛰어야 한다. 그 결과, 대학에 진학하고 나면 에너지를 소진해 쉬거나 걷는 수준이 된다. 사회인이 되어서도 마찬가지다. 결국 인생의 42킬로미터 마라톤을 다 달리지 못하고 중간쯤에서 인생의 경기를 포기해 버리는 경우도 생긴다.

　이러한 비교를 통해 알 수 있는 것은, 어릴 때는 한국 아이들이 앞서나가는 것처럼 보여도, 소년기를 지나 청년기에 접어들면 미국 아이들이 월등히 앞서나간다는 점이다.

언젠가 초등학교 1, 2학년짜리 두 손자가 아버지를 따라 미국 고모네 집에서 지내며, 현지 학기 제도 차이로 잠시 미국 초등학교에 다니게 되었다.

어느 날 초등학교 2학년 손자와 통화를 하게 됐다.

"너 미국 학교에 다닌다며……?"

"예."

"한국 학교가 재미있어, 미국 학교가 재미있어?"

"학교는 미국 학교가 좋아요."

"영어도 못 하고 친구들도 없는데 무엇이 좋지?"

"한국에서는 언제나 공부하라고 하고 숙제를 내주는데, 여기서는 놀라고만 하니까 좋아요."

"공부는 하지 않아도 되니?"

"공부할 것도 없어요. 학교 끝나고 집에 가도 놀기만 하거든요. 서울에서는 글짓기, 그림 그리기, 피아노 학원에 다니느라 고생했는데, 여기서는 학교에서 하고 싶으면 하고 하기 싫으면 안 해도 되거든요."

"그럼 너 미국에서 학교에 다니지 그래? 서울 오지 말고?"

"엄마 아빠가 보고 싶어서 그렇지, 학교는 미국에서 다니고 싶어요."

손자의 이야기를 들으니 그 녀석들이 영어까지 익숙해지면 정말 한국 학교로 돌아오고 싶은 생각이 없어지고 말 것 같아 서운한 마음이 들었다.

어째서 이러한 교육 방식의 차이가 생기는 걸까? 미국에서는 아이들의 교육을 훨씬 더 길게 내다보며 다양한 관점에서 평가한다. 적어도 어린 시절부터 고등학교를 마칠 때까지는 일관된 방향에서 아이들을 지도하고 고등학교, 즉 의무교육을 마치면 어떤 삶을 살아갈 것인지에 대해 함께 고민한다.

하지만 우리는 그렇지 못하다. 요즘에는 교육과정에 진로 관련 커리큘럼이 추가되는 등 형편이 많이 나아지기는 했지만, 여전히 '이번 시험에 성적이 얼마나 올랐는지'가 중요한 이슈다. 한 학기, 심지어는 단기간의 성과에만 집중하며 아이들을 닦달한다. 1, 2년 앞을 내다보는 부모조차 찾아보기 힘들 정도다.

무조건 대학에 가야 하고, 그것도 일류 대학에 진학해야 한다는 강박에 사로잡힐 것이 아니라 서구권에서처럼 고등학교 과정을 마친 후 아이가 어떤 진로를 선택할지 함께 논의하고 지원하는 과정이 필요하다. 우리의 경우 대학에 실패하면 아이 스스로 낙오자라고 여기며 재수, 삼수를 해서라도 대학에 가려고 하는 것이 현실이다. 더욱 안타까운 것은, 그렇다고 고등학교 과정에서 사회인으로서 필요한 기본적인 자질을 갖추도록 제대로 이끌어 주지도 못한다는 점이다. 결국 이러한 교육 방식은 아이들의 인생 여정을 도중 하차시키는 결과를 초래한다.

1970년대 독일 프라이부르크 대학에 들렀다가 어느 물리학 교수 집을 방문한 적이 있다. 어린 시절 그의 꿈은 훌륭한 가구 기술자가 되는 것이었다. 하지만 불행하게도 소아마비를 앓아 신체적 장애를 갖게 되자, 그는 가구 기술자가 될 수 없음을 깨닫고 신체적 노력이 필요 없는 학자가 되기로 결심하고, 수학과 물리학을 열심히 공부해 결국 프라이부르크 대학의 교수가 되었다.

그의 집에는 손수 만든 가구들이 있었고, 지하실에는 가구 제작 도구들이 즐비했다. 본인이 직접 제작할 수는 없어 자신은 설계를 맡고 부인이 작업을 해서 만든 품위 있는 가구들이었다. 그는 어린 시절의 꿈을 부인과 함께 실현한 셈이다.

그런데 우리 아이들과 부모들에게 물어보면 어떨까? 가구 기술자가 되기를 원하는 경우는 거의 없을 것이다. 능력은 없으면서도 교수가 되기를 원할 것이다.

우리는 아이들을 교육할 때 경쟁에서 이기라고 가르친다. 패자는 인생의 낙오자가 된다고 말한다. 그러나 서구에서는 서로 배려해 주고 협력하라고 가르친다. 그래서 성적을 지나치게 앞세우거나 단순히 공부 경쟁력만을 키우지 않는다. 대신 어린 시절부터 친구를 잘 사귀고 서로 돕고 위하는 생활을 하도록 이끌어 준다.

우리 주변에서 종종 이런 이야기를 듣는다. 한국 사람들은 개인의 능력에서는 뛰어나지만 단결심이 부족하고 협력하는 일에서는 뒤진다는 것이다. 우리의 교육방식이 그렇게 이루어졌으니 당연한 결과가 아니겠는가.

서구의 어머니들은 자녀들에 대해 욕심을 부리지 않는다. 내가 원하는 방식으로 교육하지 않는다. 자녀 스스로 하고 싶은 것을 하도록 그들의 성장을 뒤에서 도울 뿐이다. 반면, 우리 어머니들은 자녀들이 가고 싶어 하는 곳으로 가도록 돕는 것이 아니라 자녀들을 자기가 바라는 길로 끌고 가야 만족한다.

서구의 부모들은 자녀들이 즐겁고 행복하게 자라기를 바란다. 반면, 우리 부모들은 자녀들이 출세하고 유명해지기를 원한다. 과거 한 여론 조사 결과에 따르면, 유럽 부모의 70% 이상이 자녀의 행복을 바라는 데 비해, 우리 부모의 70% 이상은 자녀의 출세를 기대한다는 통계가 있었다. 이는 자녀 중심의 교육이 아니라 부모 본위의 교육이 이루어지고 있음을 시사한다.

서구의 부모들은 자녀들을 어떻게 하면 인간적으로 사랑하고 배려해 줄 수 있을까를 고민한다. 이에 비해 우리 부모들은 어떻게 하면 자녀들을 내가 바라는 수준까지 끌어올릴 수 있을까 하는 욕심스러운 기대를 채우려 한다. 한국 부모들은 대부분 자신의 욕심을 사랑으로 착각하고 있는 것이다. 그러다 보니 자녀들을 마치 자신의 소유물인 것처럼 잘못 생각하기도 한다. 그러나 자녀들은 부모에게서 독립된 소중한 인격체다. 우리는 그 독립된 인격으로서의 자녀를 존중하고 위해 주어야 한다.

서구 부모들은 자녀들이 즐겁게 선택하여 하고 싶은 공부를 하면 된다고 인정해 준다. 그러나 우리는 자녀들이 원하든 말든 '이것과 이것은 꼭 해야 한다'는 부담감을 주면서 강제로 끌고 간다. 그러다 보니 아이들은 억지로 공부하게 되고, 심지어 일부 아이들은 "나는 나를 위해 공부하는 것이 아니라 부모를 위해 공부한다"고 말할 정도다. 우리 자녀들은 과연 그렇지 않은지 돌아볼 필요가 있다.

나도 서울에 있는 며느리와 딸에게 아이에게 부담을 주는 '억지 교육'을 시키지 말라고 당부하곤 한다. 그러나 딸과 며느리의 반응은 언제나 같다. "남들이 다 하는데 안 하면 뒤지게 되고, 뒤지면 낙오감을 갖게 되니까 본인들도 그렇게 해주기를 원한다"는 것이다.

그런데 미국에 있는 사위나 딸에게 물어보면 대답이 다르다. "저마다 자기 갈 길이 있는데 성실하고 즐겁게 노력하면 되지 않을까요?"라고 반문한다. 다들 즐겁고 행복하게 성장하는 분위기인데 우리 아이들만 고생시킬 필요가 없다는 것이다. 하고 싶어 하는 것은 뒷받침해 주고 하기 싫어하는 것은 좋아질 때까지 기다리면 된다고 생각한다. 그렇다고 방임하거나 무책임하게 내버려두는 것은 아니다. 자녀들을 부모의 소유물처럼 생각하는 것은 잘못이고 자녀가 자율적으로 성장하지 못하면 더 큰 후유증이 뒤따른다고 우려하기 때문이다.

교육에는 모든 피교육자가 똑같이 따라야 하는 왕도나 지름길은 존재하지 않는다. 교육은 단순히 지식을 전달하는 것보다 인간적 성장이 더 소중하며 당장의 결과보다 5년, 10년 후의 인간적 능력을 키워 주는 데 중점을 두어야 하기 때문이다. 결국, 모든 아이가 자신에게 맞는 방법과 과정을 찾아 인간답게 살고 행복하게 성장할 수 있는 자세를 기르도록 도우면 된다.

 내가 대학에 있을 때, 신경증(노이로제)으로 고통받는 학생들을 상담했던 경험이 있다. 상담실을 맡아 수고했던 정신과 의사의 견해에 따르면, 상담실을 찾는 경우는 남학생보다 여학생이 더 많았고, 이러한 불행은 욕심 많은 부모들의 비교육적인 태도에서 기인한다고 했다. 성적이 오르지 않아 자살하는 학생이 있다면, 실제로 그런 생각을 하는 학생들은 얼마나 많겠는가? 열 명의 신경증 환자가 드러났다면 밝혀지지 않은 수많은 환자가 우리 주변에 존재하고 있을 것이다.

 나는 한국식 교육이 전적으로 잘못되었다고 생각하지 않는다. 또 반드시 서구식 교육을 따라야 한다고 주장하지도 않는다. 핵심은 더 나은 교육의 방법과 방향을 찾아가는 데 있다. 어떻게 하면 우리 자녀들이 좀 더 인간답게 성장하고, 행복하게 자신을 발전시켜 나갈 수 있도록 도울까를 고민하자는 것이다.

 지식과 성적은 온전하게 성장하기 위한 하나의 수단일 뿐이다. 그에 못지않게 소중한 가치는 얼마든지 있다. 스스로 삶을 꾸려 나가며 행복하게 살아갈 수 있는 인간다운 인간으로 키우기 위해 어른인 우리가 도와야 할 일은 너무나 많다. 가장 중요한 것은 배움의 주체는 자녀들이고 교육의 목적 또한 부모의 욕망에 따르는 것이 아닌 자녀들의 꿈과 희망을 실현하기 위한 것이라는 사실을 깨닫는 것이다.

교육은 백년의 대계라고 말한다. 제자나 자녀들의 먼 앞날을 바라보는 교육이 이뤄져야 하며 그들이 다양한 선택을 할 수 있도록 사회 분위기가 조성되어야 한다. 부모의 잘못된 욕심에 아이들의 장래를 맞추지 말고 자녀들의 개성과 장래를 뒷받침하는 자세가 필요하다.

제2장.

개성과 소질을 살리는 교육 개혁의 길목에서

조급함을 넘어
아이의 가능성을 믿는 영재 교육

　조기 교육과 영재 교육이라는 말은 더 이상 특별하지 않다. 이미 보편화된 지 오래이기 때문이다. 교육개혁위원회가 앞장서서 영재 교육을 제도화하는 것으로 방향을 잡았다. 초등학교 때는 이미 늦으니 유치원 교육부터 관심을 기울여야 하며, 다른 나라처럼 영재들을 일찍부터 발굴하고 육성해야 국가에 유능한 인재를 많이 배출할 수 있다는 뜻에서 계획된 교육 정책이었다.
　영재 교육의 취지와 방향에 반대하는 사람은 거의 없을 것이다. 교육 개혁의 한 방법일 수도 있기 때문이다. 또 우리가 영재라는 개념을 쓰는 것은 '천재'는 너무 높은 수준의 개념이고 '수재'는 지식 위주의 개념이기 때문에 그 둘을 조합해 더 많은 학생이 참여할 수 있는 '영재'라는 개념으로 바꾼 것으로 보인다.
　나 자신은 수재나 영재는 꿈도 꿔보지 못했지만, 후대를 위해서라면 영재 교육은 분명 관심의 대상이 되어야 한다고 생각한다.
　그런데 여기에 문제가 있다. 옛날 왕궁에서는 특효약이라 불리는 보약 한두 가지를 왕에게 과잉 투여해 적지 않은 왕족들이 단명했고 평민들보다 건강이 약화되었던 실례가 많다. 이와 마찬가지로 현재 우리의 교육 풍토에서 영재 교육이 강조된다면 교육을 돈과 욕망으로 해결할 수 있다고 믿는 부모들이 자신의 아들딸을 영재로 키우기 위해 무슨 짓인들 하지 않겠는가 하는 우려가 앞선다.

　이러한 과도한 욕심은 자녀들의 불행을 초래하고 사회적 교육 질서를 무너뜨리는 결과로 이어질 것이 분명하다. 자녀를 한둘만 키우는 부모들은 어떻게 해서라도 자녀를 영재로 만들고 싶은 욕심이 생길 만도 한 일이다.

　얼마 전, 자녀 교육에 지나치게 열중하는 부모의 욕망을 이용하려는 사람들이 진행하는 어린이 천재 또는 영재 교육 강의를 듣게 되었다. 그들은 아기들의 정서와 지능 지수를 높이기 위해 어떤 음식을 먹여야 하는지부터 잠자는 습관, 장난감 선택, 심지어 언어 구사의 순서와 절차까지 설명했다. 나는 그 이야기를 들으면서 시골의 약장수가 떠올랐다. 사실 텔레비전의 약 광고를 보면 병에 걸릴 사람도 없고 모두가 불로장생할 것 같은 착각에 빠지게 된다.

　강의가 끝난 후 여러 어머니가 질문하는 것을 듣고는 더욱 놀랐다. 모든 어머니가 자기 자녀가 수재이거나 영재의 소질을 가지고 있다고 여기며, 제대로 계발하고 지도만 하면 모차르트 같은 음악가, 아인슈타인 같은 과학자, 유명한 학자나 천재적인 인물로 자랄 수 있다고 착각하고 있었다.

　마치 진지하게 말하는 의사의 이야기는 듣지 않고, 자신도 모르는 치료법을 떠드는 돌팔이 의사의 호소에 귀 기울이는 것 같아 걱정스러운 마음이 들었다.

마치 대머리로 고민하던 사람들이 "바르고 5분 후면 발모한다"고 선전한 사기꾼에게 속아 넘어갔던 사례와 무슨 차이가 있겠는가.

하지만 이런 똑같은 어리석음을 범할 학부모들이 얼마든지 존재한다는 사실을 감안하면 걱정이 앞선다. 영재 교육을 지나치게 강조하다가 오히려 영재로 성장할 수 있는 어린이들을 범재(凡才) 이하의 수준으로 떨어뜨릴 수도 있다는 우려 때문이다. 자연스럽게 두면 영재로 자랄 재능을 가진 아이들이 많은데, 오히려 영재 교육이라는 이름으로 시도되는 과도한 개입이 잠재적 영재들을 망칠까 염려되는 것이다.

한때 우리나라에 천재가 태어났다고 해서 떠들썩했던 적이 있다. 그 아이의 아버지는 대학교수였는데, 그조차도 "우리 아이가 15, 16세가 되면 세상을 깜짝 놀라게 할 인물이 될 것이다"라고 말했다. 당시 그 아이는 5, 6세밖에 안 되었는데도 영어 단어, 한자를 가르쳐준 대로 모두 기억했고 숫자 계산에도 남다른 재능을 보였다. 그대로 10년만 더 성장한다면 15, 16세에는 정말 세상을 놀라게 할 수도 있을 것이라 여겨졌다.

그러나 그것은 불행한 예측이라고 생각했고, 텔레비전에서 저렇게 떠들어대는 것도 좋지 못하다고 보았다. 앞으로 그 아이는 중학교까지는 대단히 우수하게 공부할 것이고, 고등학교에 가면 보통 학생들보다는 앞설 것이다. 하지만 대학에 가면 다른 학생들과 큰 차이가 없게 될 것이라는 생각이 들었다.

사실 '천재'로 불렸던 그 어린이는 그 뒤 더 이상 세상에 알려지거나 소개된 적이 없었다. 아마도 평범한 젊은이 중 한 사람으로 성장했을 것이라 짐작한다. 그 아이가 중학교 때 그렇게 우수했다면 수재가 될 수 있었을 것이다. 대학생 때 남보다 특출했다면 사회에 큰 업적을 남겼을 것이다. 그러나 당시 '천재'로 평가받기에는 너무 어렸다.

사실 영재나 천재에 대한 평가는 단순한 재주나 기억력만으로는 불가능하다. 이해력도 풍부하고 사고력이 특출해야 영재라고 할 수 있다. 그런데 사고력은 대개 20대 후반부터 발달한다. 여섯 살짜리 아이가 어떻게 진정한 사고력을 갖출 수 있었겠는가.

미국에서 교육학을 전공한 교수들이 영재 교육에 관해 방송에서 설명하는 것을 여러 번 들었다. 좋은 내용들이었지만, 그 이야기를 들은 어머니들이 무리한 반응을 보일까 봐 걱정스러웠다. 솔직히 말해, 영재 교육을 가르치는 학자들의 자녀들이 이다음에 과연 영재로 성장할 수 있을지 의문스러웠다.

오히려 영재가 무엇인지 깊이 생각해 보지도 못한 부모 밑에서 자연스럽게 능력을 개발하는 교육을 받은 아이들이 영재로 성장하는 경우가 더 많아지는 것은 아닐까?

나는 아들딸 여섯을 키웠고, 손주 13명이 자라는 것을 지켜보았다. 그 가운데 영재가 될 만한 능력을 갖춘 아이는 눈에 띄지 않았다. 그러나 아이들이 자연스럽게, 그리고 늦게까지 충분히 성장할 수 있도록 뒷받침해 주면 충분히 자기 책임을 다하는 사람으로 자랄 것으로 믿었다. 영재와 같은 비범한 사람이 되기를 바라기보다 평범하지만, 최선을 다하는 인간으로 성장하기를 바라는 마음이다.

도대체 영재란 무엇인가.

흔히 공부를 잘하는 학생들을 영재라고 생각한다. 그러나 훌륭한 사업가, 자랑스러운 운동선수, 존경받는 군 지휘관, 고마운 정치가, 그리고 경외의 대상인 종교계 지도자들이 모두 학창 시절 공부를 잘했던 우등생들이었을까?

공부를 잘하는 학생들은 교사나 학자가 될 수 있다. 하지만 그렇다고 비범한 화가, 작가, 시인, 예술가가 되는 것은 아니다. 행정고시나 국가고시에 합격하거나 우수한 성적을 거둘 수도 있지만, 우리는 그들을 영재라고 부르지는 않는다.

영재란 그의 능력과 업적이 특출한 사람을 의미한다. 비범한 수준까지는 아니더라도, 평범의 선을 넘어선 사람에게 해당하는 말이다. 예를 들어, 처칠은 사관학교 입시에 낙방했지만 충분히 영재에 해당한다. 아인슈타인 역시 대학 입시에 실패한 경험이 있다. 그가 상대성 원리를 발견하여 지도교수에게 보였을 때, 지도교수는 "너를 평범한 제자 중 하나라고 생각했는데, 이제부터 너는 인류 역사에 남는 과학자로 존경을 받을 것이다"라고 칭찬해 주었다. 아인슈타인은 영재인 동시에 천재라고 불리기에 부족함이 없는 인물이다.

　나는 영재 교육을 반대하지 않는다. 그러나 비판 없이 영재 교육에 빠져들어서는 안 된다. 어린이들의 타고난 자질을 무리 없이 충분히 개발해 주고 재능을 발휘할 수 있도록 뒷받침해 주면 충분하다. 소질과 개성을 묻어두는 일은 잘못이다. 그리고 늦게까지 타고난 능력과 개성을 발휘할 수 있도록 이끌어 주면 되는 것이다. 그 결과가 평범의 선을 넘어서면 그것이 곧 영재성을 띠게 되는 것이다. 인간은 스승이나 부모가 만드는 조각품이 아니다. 스스로가 영재다운 조각을 하도록 도와주면 되는 것이다.
　바람직한 영재 교육에 필요한 몇 가지 중요한 과제가 있다.
　첫째, 모든 어린이는 영재에 가까워질 가능성을 안고 있다는 사실을 인식하고, 그 가능성을 무리 없이 서서히 개발하고 성장시켜 주는 것이다. 핵심은 제각기 타고난 소질과 개성을 찾아 키워 주되, 인간적 능력이 뒷받침되어 재능을 발휘할 수 있도록 돕는 일이다.
　천재는 특출하게 타고난 소질이 있어야 하고 수재는 남다른 지적 능력을 갖추고 있어야 할지 모르지만, 영재는 누구나 최선을 다함으로써 도달할 수 있는 능력의 소유자로 보아도 좋을 것이다.
　거기에는 두 가지 의미가 있다. 영재는 어린 시절에 완성되는 것이 아니라 계속해서 오랫동안 성장한다는 것과 궁극적으로는 사회가 요청하는 유능한 인물로 이어진다는 것이다. 그런 의미로 영재 교육을 염두에 둔다면 크게 걱정할 필요가 없으며 반드시 일찍부터 개발해야 한다는 조바심을 갖지 않아도 된다.

둘째, 수재·영재·천재라고 부르는 것은 타고난 소질과 개성을 지칭하는 경우가 적지 않다. 건강의 측면에서 유전자를 생각하는 것과 비슷할지 모른다. 이것은 어느 정도 주어진 것이며 우리는 그것을 특출한 소질이나 개성, 즉 남보다 풍부하며 앞선 소질이라고 부른다.

그것은 모두가 다르다. 만약 똑같다면 굳이 영재라고 부를 필요가 없을 것이다. 만일 처칠과 아인슈타인을 같은 잣대로 비교한다면 그중의 하나는 영재라고 부를 수 없을지 모른다. 이들은 삶의 방향과 사회에 대한 기여도가 달랐기 때문이다. 따라서 백 명의 사람은 백 가지 인생에서 영재성을 인정받을 수 있을 것이다. 그리고 시대와 사회가 요청하는 인재로 인정받을 수 있을 때 비로소 존경받는 인재이자 영재인 것이다.

영재란 유능하고 큰 인재를 가리킨다. 옛날 큰 집을 지을 때 대들보감은 극히 드물어 구하기가 어려웠다. 집이 클수록 더욱 그러했다. 그 대들보에 해당하는 인재로 키우자는 것이 바로 영재 교육이다. 또한 대들보가 아니더라도 건축의 중요한 부분을 차지하는 재목은 있어야 한다. 사회는 그런 인물을 요청하기도 하며, 때로는 그런 재목이 큰 기둥보다도 더 필요할 수도 있다. 그런 의미에서 영재 교육을 생각하면 좋을 것이다.

멈춰 버린 교육 개혁
어디서부터 시작해야 할까

교육 개혁의 필요성을 인정하지 않는 사람은 없다. 교육을 비롯한 모든 사회 문제는 꾸준히 개선되어야 한다. 그래야 사회에서 일어나는 여러 가지 갈등을 해소해 가며 사회 발전이 가능해지는 것이다.

이때 개선의 책임을 소홀히 하면 개선보다 더 강한 개혁을 해야 하는 단계에 이른다. 약으로 치료할 수 있는 병을 내버려두어 강한 약이나 주사를 써야 치유되는 상황과 비슷한 원리다.

개혁에 실패하면 교육 혁명을 호소하는 목소리가 높아질 수 있다. 혁명은 치료만으로는 때가 늦어 수술하지 않으면 안 되는 단계를 말한다. 전교조가 주장해 온 것이 바로 그런 뜻을 내포하고 있다. 교육부나 교육위원회, 교장·교감이나 기성세대의 교육자들에게 맡기면 참교육이 불가능하니 자신들이 전적으로 책임을 맡아야 한다고 주장했던 것이다. 물론 그 주장이 꼭 옳다고 보지는 않지만, 교육 개혁이 시급한 단계인 것만은 사실이다.

그런데 교육 개혁은 왜 이루어지지 않는가? 그 주된 원인은 다음과 같다.

첫째, 교육부 당국의 관습적인 교육 행정 때문이다. 이들은 선배들이 구축해 놓은 교육 행정의 틀 속에 생명력 있는 교육을 끼워맞추려 한다. '새 술은 새 부대에 담아야 한다'는 교훈을 가장 역행하는 곳이 바로 우리 교육부다. 그들에게는 행정 시스템 자체가 중요하지, 생명력 있는 교육은 관심 밖에 있는 듯하다. 차라리 통제 위주의 교육부를 없애는 것이 바람직한 교육을 위해 더 도움이 될지 모른다. 선진국에는 우리 같은 통제 중심의 교육부는 존재하지 않는다.

둘째, 교사들이 공부하지 않는 안일한 자세 때문이다. 사회 여러 분야의 사람들을 만나 보라. 교사들만큼 독서도 하지 않고 공부하지 않는 지도층은 찾아보기 어려울 것이다. 나 자신을 포함해 교사는 가르치는 사람, 학생은 배우는 사람이라는 고정관념에 갇혀 버렸기 때문이다. 어떤 학생보다도 열심히 공부하는 스승이야말로 참된 스승이다. 그처럼 노력하고 성장하는 모습을 제자들에게 보여주는 것이 곧 교육이다. 노력하지 않고 배우기를 포기한 교사들이 존재하는 한 교육 개혁은 불가능하다.

셋째, 교육의 발전에 역행하는 학부모들, 특히 어머니들의 무지 때문이다. 더욱 걱정스러운 것은 부유한 어머니들의 과도한 욕심이다. 그들은 자기 자녀들을 불행하게 만들 뿐 아니라 건전한 교육을 병들게 하고 있다. 이러한 병폐를 한마디로 진단하자면, 절대다수의 어머니들이 자녀에 대한 '욕심'을 '사랑'으로 착각하고 있다는 점이다. 아마 이 점에 있어서는 세계에서 유례가 없는 비교육적인 과오를 범하고 있을 것이다.

그 한 가지 실례가 어머니들의 촌지였다. 그 정도가 얼마나 심했으면 초등학교 교장과 교사들이 촌지 안 받기 결의 대회를 열었겠는가. 저녁때면 텔레비전마다 사회 정화 차원에서 그 문제를 거론했다. 철없는 어머니들이 돈으로 교육의 대가를 매수하려는 의도에서 나온 사회적 폐해였다.

그 결과는 너무나 뻔했다. 자녀들의 불행을 초래하며 교육계를 병들게 했을 뿐만 아니라 사회 전체를 부정과 부패로 몰아넣는 결과를 가져왔다. 한때 고유명사처럼 사용되던 '치맛바람'이 바로 그 실상을 보여주는 것이 아니겠는가. 직설적인 표현을 사용한다면 돈 때문에 불행해지는 두 가지 계층이 있다. 소비지향적인 부유층 젊은이들과 자녀들을 욕심으로 키우는 철없는 어머니들이다. 차라리 그들은 건전하고 가난한 가정을 갖는 편이 더 나았을 것이다.

두 가지 비유적인 이야기를 소개하며 마무리하기로 하자.

우리 집 아이가 재동초등학교 졸업을 앞두고 대광중학교에 지망하기로 했을 때였다. 나와 아내는 그 학교의 교육방식이 마음에 들었고 아이에게 기독교 전통의 교육을 받게 하고 싶었다.

그 해부터 대광중학교가 2차에 신입생을 모집하게 되었다. 할 수 없이 우리는 1차 모집 중학교에 지망해야 했다. 담임 선생님은 경기중학교 지망을 추천했다. 나는 자녀의 성적도 좋은 편이 못 되는데 낙방의 아픈 상처를 주고 싶지 않았지만, 선생님의 권고를 받아들이기로 했다. 안 되더라도 가고 싶은 학교가 따로 있었으니 크게 마음 쓰지 않아도 되고 집이 경기중학교 옆이라

더욱 마음이 편했다. 또 당시 경기중학교는 가장 우수한 학생들이 지원하는 학교이기도 했다.

담임 선생님은 성적순으로 1번에서 11~13번까지는 경기중학교, 그다음은 다른 중학교로 배정하는 기계적인 결정을 내리고 교장 선생님의 승인을 받은 듯했다. 우리 자녀는 경기중학교를 지망한 학생들 중 성적이 가장 뒤처지는 편이었으니, 12번이나 13번쯤이었을 것이다.

입학시험이 끝나고 합격자 발표일이 되었다. 기대하지 않았는데, 발표를 보러 갔던 가족들이 합격 소식을 전했다. 아내는 아이가 다녔던 초등학교가 좋은 학교였고 선생님이 잘 가르쳐준 덕분이라고 말했다. 나보다 아내가 여러 실정에 더 밝았고, 자녀교육에 더 관심이 많았던 것은 사실이다. 발표를 보고 감사 인사를 하러 학교에 다녀온 아내의 말에 따르면, 두 명만이 합격했는데 성적이 가장 좋았던 아이와 우리 집 아이만 합격하고 나머지는 모두 떨어졌다고 했다.

나와 아내는 이상한 일이라고 생각했다. 중학교 입학은 초등학교 때 성적순이 아니었기 때문이다. 입학을 축하해 주러 왔던 한 어머니의 이야기가 주의를 끌었다. 첫 번째로 합격한 학생은 워낙 공부를 잘했을 것이고 우리 아이는 '학부모의 점수'가 없는 제 실력이었으니 사실은 두 번째쯤의 실력이었을지도 모른다는 얘기였다. 우리 부부는 그 얘기를 어떻게 받아들여야 할지 알 수 없었다.

그러나 가난한 아이들의 실력이 진짜 제 실력이라는 말은 흔히 들리는 얘기였고, 아이들 점수만으로는 1, 2등이나 반장을 할 수 없다는 말이 어머니들 사이에서 예사로 통용되던 때였다. 지금은 그런 이야기는 통하지 않을 것이다. 그러나 어느 쪽이 어머니가 택해야 할 길인지는 재삼 숙고해 보아야 할 것이다.

또 하나의 이야기는 정반대의 의미를 담고 있다.

오래전 일본에 야마무로 군페이(山室軍平)라는 구세군 중장이 있었다. 영국에 구세군 대장이 한 명 있고 다른 나라에서는 중장이 교단의 최고 책임자였다. 야마무로 군이 초등학교를 졸업하고 도쿄 제일중학교에 입학시험을 보러 갔을 때 교장 선생이 지원한 여러 어린 학생들의 면접을 하게 되었다.

성적이 좋았던 야마무로 군이 교장실에 들어섰다. 소년의 얼굴을 바라본 교장은 별생각 없이 "이 입학 원서는 네가 쓴 것이냐?"라고 물었다. 글씨가 단정하고 깨끗했기 때문이었다.

그 질문을 받은 소년은 당황했다. 입학 원서는 본인이 써야 하는 것인데 어머니가 대신 써준 것이 잘못이라고 생각했던 것이다. 대답을 못 하고 망설이고 있는데 교장은 다른 몇 마디를 묻고는 나가도 좋다고 말했다. 소년은 정직하게 어머니가 썼다고 대답을 하지 못한 채 밖으로 나왔다. 걱정에 잠긴 소년은 집으로 돌아와 어머니에게 "본의는 아니었지만, 교장 선생님께 어머니께서 썼다는 대답을 하지 못해 거짓말을 한 결과가 되었다"고 이야기했다.

그 얘기를 들은 어머니는 다음 날 아침 소년의 손을 잡고 학교로 찾아가 교장과의 면담을 청했다. 어머니는 교장에게 "사실 그 입학 원서는 내 아들이 쓴 것이 아니고 제가 썼습니다. 우리 애가 입학이 취소되더라도 정직하게 말해야 하는데 밝히지 못했던 것 같습니다. 교장 선생님은 물론 저도 거짓말을 한 아들을 입학시켜달라고 할 수는 없으니 입학을 취소하고 다른 학생을 뽑아 주시기 바랍니다"라고 제안했다.

그 얘기를 들은 교장은 "그 원서는 누가 써도 상관이 없습니다. 글씨가 단정했기 때문에 물어본 것뿐이지, 다른 학생에게는 묻지도 않았습니다. 그 때문에 입학을 취소할 수는 없습니다. 더 정직하게 키우는 것이 학교와 부모님의 책임이니 안심하고 돌아가십시오"라고 말하면서 소년의 머리를 쓰다듬어 주었다.

누구도 이 소년이 자라서 일본의 정신적 지도자가 될 줄은 몰랐다. 먼 훗날 야마무로의 후배인 무도(武勝)라는 목사가 그 일화를 소개한 것이다. 우리 학부모들에게는 옷깃을 여미게 하는 일화 중의 하나다.

이런 일화를 듣고 나면 우리는 다시 한번 교육이 무엇인가를 돌아보게 된다. 그리고 그 잘못 때문에 피해를 입는 것이 바로 우리 자녀이고 우리 사회의 청소년들임을 생각할 때 어머니들의 비교육적인 욕심이 어떤 결과를 낳을 것인지 묻지 않을 수 없다.

얼마 전 방송에서 들은 이야기다. 1학기에 반장이었던 아이가 2학기 반장 선거에서 떨어졌다. 아이는 기가 죽어서 집에 들어서면서 "선생님이 자기가 싫어하는 아이를 반장으로 뽑았다"고 말했다.

그 얘기를 들은 어머니는 "그 애는 부반장도 아니었는데"라면서 불평을 털어놓았다. 그러고는 "그 아이네 집이 부자냐?"고 물었다. 아이는 그런 것 같다고 머리를 끄덕였다. 그 뒤의 이야기는 너무 상식을 벗어나는 내용 같아 추가할 필요가 없을 것 같다.

이렇게 본다면 한국의 교육은 어머니들의 욕심과 경쟁의식 때문에 무너지고 있다고 해도 과언이 아닐 것이다. 그 경우가 극소수에 국한된다면 문제는 해결될 수 있겠지만, 그런 생각이 보편화된다면 교육의 개선과 개혁은 불가능해진다. 나는 내 손자들을 통해 비슷한 얘기를 들을 때마다 좋은 학교와 고마운 선생님을 선택하고 만나야겠다는 생각을 하게 된다.

부모가 변해야 아이가 산다

    2002년 월드컵을 일본과 공동 개최하게 되면서 모두 경사스러운 일이라고 기뻐했다. 축구 경기를 잘 치르면 우리가 일본 팀을 이길 수도 있다고 들떠 있었다.

    그런데 문제가 있었다. 외국인들이 한국과 일본을 둘 다 방문한 후 돌아가면서 "아직도 한국이 일본을 따라가려면 30년 이상은 걸릴 것 같다"라는 말이 나오지 않도록 하는 것이었다. 그들의 지적은 경제적 격차나 시민의식의 간극만을 가리키는 것은 아니었다. 아직도 한국 사람들은 사회생활의 기초 교양을 제대로 갖추고 있지 못하다는 평가이기도 했다.

    돈은 많지만 바르게 살 줄은 모르는 가정이 있는가 하면, 부유하지는 않더라도 높은 품격을 지키며 사는 가정이 있다. 우리는 대학을 비롯해 많은 학교를 세웠고 대학생의 수도 세계 어느 나라에 뒤지지 않는 높은 비율을 유지하고 있다. 그러나 학교에서는 지식만 전달받았을 뿐 교육다운 교육을 받지 못했기 때문에 사회생활의 기본 교양을 체득하지 못한 실정이다.

    예를 들어 보자.

    지금은 어디를 가나 고층 건물이 즐비하다. 자연히 엘리베이터를 이용하게 되는데, 엘리베이터를 제대로 타고 내리는 사람은 보기 힘들다.

    왜 그런가. 우리 부모나 어른들이 자녀들에게 올바른 엘리베이터 예절을 가르쳐준 적도 없고 모범을 보여주지도 못했기 때문이다. 근래 들어 외국에서 교육받고 온 사람들과 그런 가정의 청소년들이 늘어나고 있어 좀 나아지기는 했다. 가장 문제가 되는 세대는 남자 청장년들이다. 우리 주변의 20대들만큼 예의도 없고 교양도 모른 채 자라는 사람들은 없을 듯하다.

적어도 엘리베이터를 타고 내릴 때는 빨리 나오고 들어서야 한다. 그래야 서로의 시간을 절약할 수 있고 남에게 불편을 주지 않는다. 높은 층에 올라가는 이들은 빨리 뒷자리로 가고 낮은 층에서 내리는 사람들은 빨리 옆자리로 가서 문 안쪽은 반달 모양으로 비워놓는 것이 상식이다. 그리고 자동으로 문이 닫힐 때까지 기다려 주고 남을 위해 문을 열어 주는 것이 보통이다. 내려오는 엘리베이터의 경우에는 또 그와 반대의 자세를 취하면 된다.

언젠가 L.A.에 방문했을 때였다. 일본에서 단체 수학여행을 온 여고생들이 엘리베이터를 이용하는 모습이 인상 깊었다. 학생들은 모두 질서 있게 타고 내렸으며, 도중에 내리는 사람이 있으면 문 안에 있던 학생들도 잠시 내렸다가 다시 타는 등 타인을 배려하는 모습을 보였다.

그런데 다음 날 아침, 엘리베이터에서 50대 전후의 한국인 남성 두 명이 문 안쪽에서 마주 보고 이야기를 나누고 있었다. 두 사람 사이를 지나가는 사람들마다 "미안합니다"라고 인사해야 했다. 나 역시 미안하다고 인사하면서도, 어째서 일본의 고등학생들은 당연히 아는 것을 우리 어른들은 모르는가 하는 생각에

민망함을 금할 수 없었다. 이는 결국 배우지 못했기 때문이며, 가르쳐 주는 사람이 없었기 때문이다.

마포의 어떤 빌딩에서 엘리베이터 버튼 옆에 '(문닫힘 버튼을 누르지 말고) 4초만 참아 주세요, 200원이 절약됩니다'라는 안내 문구가 붙어 있는 것을 보았다. 이곳은 30대 남자 사무원들이 많이 근무하는 사무실 밀집 지역이었다. 놀라운 것은 이런 문구가 붙어 있는데도 아무도 지키지 않는다는 것이었다. 이는 다른 사람에게서 배우려는 관심조차 갖지 않는다는 얘기다.

이와 비슷한 문제는 얼마든지 있다. 대중교통을 이용할 때 줄을 서지 않거나 택시를 탈 때 운전기사에게 무례한 행동을 하는 등, 따지고 보면 일상 곳곳에서 시민의식의 부재를 쉽게 찾아볼 수 있다.

얼마 전 남산 순환 도로에서였다. 택시를 기다리고 있는데, 20대 초반 정도로 보이는 남녀 두 미국 청년이 나보다 늦게 나타났다.

빈 택시의 기사는 누가 먼저 기다리고 있었는지 모르는 채 그 미국 청년들 앞에 정차했다. 그들은 나를 보면서 "택시 기다리셨지요?"라며 먼저 타기를 권했다. 내가 택시 옆으로 갔더니 남자 청년이 차 문을 열어 주면서 내가 자리 잡는 것을 보고는 문을 닫아 주었다. 내가 고맙다고 인사를 하면서 내다보았더니 여자 청년도 함께 미소를 지으며 인사를 건넸다.

잠시 후에 택시기사가 "미국 같은 데 가면 젊은이들이 다 저렇게 친절합니까? 저는 15년 동안 운전대를 잡았는데 지금 같은 경우는 처음 보았습니다"라고 말했다. 나는 대개의 경우는 그렇다고 대답했다. 사실은 대개의 경우가 아니라 모두 그렇게 한다. 그런데 나도 서울에 수십 년을 살면서 그런 경우는 처음이었다. 우리 청년들이 그렇게 친절하다면 얼마나 좋겠는가.

이런 문제의 원인은 누구에게 있는가. 우리 젊은이들보다 그런 모범을 보여주지 못한 기성세대에게 있다고 생각한다. 솔직히 말하면 학부모들의 교육적 무책임에 있는 것이다. 나는 지금도 '어른을 공경하라'는 말을 쉽게 하지 못한다. 존경을 받을 만한 일은 못 하면서 어떻게 그런 요청을 할 수 있는지 모르겠다.

외국에서 초등학교에 다니다 온 어린이가 부모에게 "우리 선생님은 길에 침을 뱉는다"라고 의아해하는 모습을 본 적이 있다. 또 한 고등학교 교장이 새로 부임한 체육 선생에게 "선생님, 내가 선생님에게 '이 새끼'나 '이 자식'이라는 말을 쓴다면 선생님이 나를 학교장으로 인정하겠습니까? 내가 들으니 학생들에게 거리낌 없이 이 새끼, 이 자식이라는 말을 쓰는데 그러면 학생들이 선생님을 스승으로 인정하겠습니까?"라고 주의를 주었다는 얘기도 들었다. 그러고는 "우리 선생님들은 모두 일류 대학을 나왔고 우수한 분들입니다. 그런데 글을 가르치고 학습을 이끌어 주는 실력 있는 교육자는 있지만 스승다운 교육자는 없습니다"라며 씁쓸해했다고 한다.

또 하와이에 가면 우리나라 단체 관광객들이 깨끗한 일본 식당에서 종종 입장을 거절당하는 경우가 있다. 표면적으로는 빈자리가 없다는 것이 이유지만, "저기 빈자리가 있지 않으냐"고 물으면 "예약된 자리입니다. 미안합니다"라고 정중히 거절한다. 사실은 빈자리인데도, 우리나라 중년 여성들이 식당에 들어와 떠들어대면 점잖은 손님들이 오지 않으니 거절하는 것이다. 왜 내 돈을 쓰면서 푸대접을 받는가. 교육이 부재하기 때문이고 교양이 없기 때문이다.

이런 이야기를 장황하게 하는 이유는 나를 포함한 우리 부모들이 자녀들을 위해 좀 더 교육적인 모범을 보이고 가정과 사회의 기초 교육과 교양을 갖추어야 한다는 점을 강조하기 위해서다. 이대로 내버려두면 언젠가 자녀들이 거꾸로 부모를 걱정하게 되는 때가 올 것이다. 지금도 부모와 함께 외출하는 것을 꺼리고 싫어하는 어린이들을 종종 볼 수 있다. 이는 자기 부모가 너무 교양이 없거나 다른 부모들에 비해 창피하게 느껴지기 때문이다. 자녀들을 위해서라도 부모들이 끊임없이 배우고 새로워져야 할 것이다.

이런 결과를 초래하게 된 데는 근본적인 이유가 있다. 예전부터 우리는 자녀를 학교에 보내면서 기술을 배우도록 했을 뿐, 살아가는 데 필요한 예절과 교양에는 관심이 없었기 때문이다. 말하자면 교육다운 교육을 제공하지 못했기 때문이다. 교육의 가장 중요한 과제는 더불어 사는 교양을 가르치는 것이다.

우리가 예의를 존중하며 서로에게 어려움이나 고통을 주지 않도록 배우고 그렇게 되려고 노력하는 것이 곧 교육이다. 그것은 수신(修身), 윤리, 도덕의 기본이 될 뿐만 아니라 종교적 가르침의 목적도 거기에 있다. 가정과 학교에서 선하고 아름다운 인간관계를 가르치고 보여줄 수 없다면 그것이 무슨 교육이겠는가?

　다만, 걱정스러운 것은 학교에서는 가르쳤음에도 교양이 없는 학부모들이 그 뜻에 역행하며 자녀들보다 더 불미스러운 행동을 저지르는 경우다. 그렇게 된다면 우리 사회가 어떻게 될지 심히 우려하지 않을 수 없다.

　결국, 부모들의 교육 수준이 향상되지 못하면 자녀들의 성장도 뒤처지게 된다는 걱정을 하지 않을 수 없다. 자녀들은 선하게 성장하는데 부모들의 성장이 뒤처지는 예는 어디에서나 나타나고 있다. 부모들이 먼저 배우고 모범을 보여주어야 한다.

아들과 딸, 다른 성장 속도에 맞춘 교육의 지혜

큰아들이 초등학교에 다닐 때였다. 어느 날 담임 선생을 만났더니 아이가 아주 말을 잘 듣는 모범생이라며 칭찬했다. 교실에서 선생님이 모두 조용히 하라고 말하면 다른 아이들은 5분도 못 가서 떠들고 움직이는데 우리 아이는 수업 시간이 끝날 때까지 조용히 앉아 있고, 옆 학생과 장난을 치면 안 된다고 주의를 주면 선생의 말을 어기지 않고 지킨다고 했다.

선생은 우리 아이를 모범생이라고 칭찬했지만, 아들의 성격을 잘 아는 나는 걱정스럽지 않을 수 없었다. 아마 유순하고 말을 잘 듣기로 한다면 남에게 뒤지지 않을 것이다. 그러나 초등학교 고학년쯤 되었으면 자신의 판단도 생기고 다른 아이들과 활기차게 뛰어다녀야 할 것이 아닌가. 그러나 그 아이 입장에서는 선생님 말씀을 잘 따르고 하라고 하는 대로 순종하는 것이 최선의 길인 것이다. '선생님과 부모님의 말씀을 잘 들어야 한다'라는 가르침을 최고의 가르침으로 여겼고 순응과 복종을 최고의 미덕으로 받아들인 것이다.

아버지인 내가 "이것은 어떻게 하면 좋지?"라고 물으면 "아버지가 하라는 대로 하지요"라는 태도를 보였다. "그러지 말고 네 일이니까 네가 생각해서 선택해야 하지 않겠니?"라고 말하면 의아하게 생각하는 것 같았다. 부모님 말씀을 잘 듣고 따라야 한다는 말을 수없이 듣고 자랐기 때문이다.

나는 그 아이의 자립심을 길러 주기 위해 많은 관심과 노력을 기울였다. 그렇다고 선생님이나 부모님의 말을 따라서는 안 된다고 말할 수는 없었다. 선생님의 가르침과 반대되는 얘기는 삼가야 했기 때문이다. "이제는 5학년이 되었으니 선생님보다 더 나은 생각도 해야 하고 아버지의 말이라는 이유로 따르기보다 더 좋은 방법을 찾아보도록 해야 하지 않을까"라는 식으로 이끌어 갔다. 지금 생각해 보면 그런 아들의 성격을 바로잡는 데 오랜 세월이 필요했던 것 같다. 사실 우리 아이는 모범생이 아니라 또 하나의 문제아였던 것이다.

막내딸이 4학년 때 일이다. 강의를 마치고 집으로 돌아오는 길에 그 아이를 만났다. 손을 잡고 같이 걷는데 아이가 이런 말을 꺼냈다.

"아버지 나 걱정거리가 한 가지 생겼어."

"뭔데?"

"오늘 우리 반에서 도서부 관리 책임 학생을 뽑았는데, 내가 뽑혔단 말이야."

"그런데 무슨 걱정이지?"

"토요일에 아이들이 책을 빌려 갔다가 월요일에 반납하는데, 내가 여학생이니까 여자아이들은 말을 잘 듣지만 남학생들은 날 깔보고 말을 잘 듣지 않을 것 같아 걱정이야."

"그럴 것 같기도 하다. 또 혼자서 하기에는 학생 수가 많을 것 같기도 하고."

딸애는 "오늘 좀 생각을 해봐야겠어"라며 자기 방으로 올라갔다.

다음 날 아침식사를 하다가 "너 어제 그 문제를 어떻게 하기로 했어?"라고 물었더니 아이는 "오늘 담임 선생님께 두 가지를 건의해서 그 가운데 하나를 택해야겠어. 내가 전체 책임을 맡고 남학생을 한 명 더 뽑아서 남학생들은 그 학생에게 맡기든지, 아니면 나는 그 일을 그만두고 남학생을 총책임자로 다시 뽑든지 하는 것이 좋을 것 같아"라고 대답했다.

저녁때 아이에게 들으니, 자기는 이미 선거에서 뽑혔으니 전체 책임을 맡고 남학생 한 명을 보조로 자기가 지명해서 뽑았다고 했다.

큰아들은 한국전쟁 이후 80여 명이 한 반에서 공부하던 시기에 학창시절을 보냈다. 일제강점기 때 사범학교에서 교육받은 그 아이의 선생님은 '복종이 제일의 미덕'이라고 가르쳤다. 아들은 그 교육을 그대로 받아들인 것이다.

반면, 당시 이화여자대학교 부속 초등학교에 다녔던 막내딸은 새로운 교육을 받은 교사들을 통해 자율성을 존중하는 교육을 받았다. "선생님보다 더 좋은 생각을 하는 학생은 없니?" "네 생각에는 어느 편이 더 좋아 보이지?"라는 질문을 통해 스스로 사고하고 판단하는 가르침을 받은 것이다.

당시에는 유학을 갈 경우 한국에서 대학을 졸업한 뒤 대학원

과정 때 가는 것이 보통이었다. 그러나 나는 딸이 대학 2학년 때 미국으로 유학을 보냈다. 딸은 자립심이 강하고 적극적이었기 때문에 충분히 해낼 것으로 믿었기 때문이다. 딸의 지도교수도 우리 아이는 미국 학생들 사이에서도 리더십을 발휘하며 잘 적응하고 학생회 간부로 활동하고 있다는 얘기를 전해 주었다.

생각 같아서는 아들과 딸의 교육 경험이 바뀌었으면 더욱 좋았을 것이라는 아쉬움이 있다. 나는 지금도 두 아이를 비교해 보며 학부모들과 교사들이 어떤 교육을 선택해야 할 것인가를 물어보고 싶은 마음을 갖곤 한다.

나는 학창 시절에 한 번도 여성 교사에게 교육을 받은 적이 없었다. 그 당시에는 초등학교에도 여성 교사가 거의 없었던 시기였다. 그러던 것이 소수의 여성 교사가 등장하기 시작했고 점차 여성 교사의 수가 늘더니 지금은 초등학교에서 남성 교사를 찾아보기 어려울 정도가 되었다.

내가 아는 한 사람은 아들이 내내 여성 교사 밑에서 교육을 받아도 될지 모르겠다고 걱정했다. 딸을 둔 학부모들도 마찬가지로 남성 교사의 가르침을 받을 기회가 없어졌다며 우려를 나타냈다.

이제는 남자 중고등학교에도 여성 교사의 비중이 늘어나고 있다. 남녀 공학의 수가 늘어난다면 남녀 선생의 비중도 적절히 조절되어야 하는데, 어느 정도가 적당할지는 일률적으로 책정

할 수 없다.

　내가 잘 아는 미혼 여성 교사가 오래전에 지방에 있는 남자 중고등학교 교사로 부임했을 때 남학생들의 등쌀에 고생했다고 말하면서, 남자 중고등학교에도 적당한 비율의 여성 교사가 있어야지 혼자서 담당해 내기가 힘들었다는 이야기를 전해 주었다.

　그러나 초등학교에 여성 교사가 너무 높은 비중을 차지하고 있다는 점은 재고의 여지가 있다. 서울에 있는 한 사범대학 부속 초등학교에서는 이전과 같이 남녀 선생의 비율을 균등히 하고 있는데 교육에도 바람직하고 학부모들도 만족하고 있다고 했다. 남녀 어린이들이 고른 교육을 받을 수 있다는 것이 장점으로 인정받은 것 같았다.

　그러나 어떤 교사의 가르침과 지도를 받든, 남학생은 남성답게, 여학생은 여성답게 성장하게 되며, 또 그렇게 성장해야 한다는 점은 학부모나 교사들이 교육 과정에서 반드시 염두에 두어야 할 것이다.

　어린 시절에는 남녀 구별 없이 어린이다운 교육을 받는 것이 좋지만, 초등학교 고학년이 되고 중고등학교에 진학할 무렵이 되면 남성다움과 여성다움은 더욱 소중히 다루어져야 한다. 겉으로 보기에는 인간적인 공통성이 더 크지만, 내면을 살펴보면 남성과 여성의 차이점은 점차 더 크게 부각될 수 있다. 부모들이 바라는 것이 그런 것이다.

　물론 교사들이 일찍부터 그 점에만 교육적 주의와 관심을 두어야 한다는 것은 아니다. 그러나 여학생들에게 아름다운 감정과 미의식을 높여 준다는 것은 후일의 행복과 직업을 선택하는 데도 큰 도움이 된다. 아름다움은 예술과 통하기 때문이다. 여성들에게서 아름다움에 대한 관심과 미의식을 배제한다면 어떻게 되겠는가.

따라서 남녀 공학이 필요하면서도 학년이 올라갈수록 남학생과 여학생에게 똑같은 교육을 할 수 없는 이유가 거기에 있다.

사실, 대학에 가서도 그렇다. 보통 남학생들은 이해력과 사고력에서 여학생들보다 앞설 수 있다. 추리와 사고력이 필요한 학문에서는 대개 여학생들보다 우수하게 나타난다. 그러나 여학생들은 공감과 직관력에서 남학생을 앞지르는 경우가 많다. 그래서 학문적으로 크게 성장하는 경우를 보면 남성이 사고력에서, 여성이 직관력에서 우위를 차지함을 발견하게 된다. 예술 분야에서 활동하는 여성들이 많다는 것이 바로 그것을 입증해 준다. 예술은 공감과 직관의 산물이기 때문이다.

남성과 여성을 똑같이 경쟁시키는 것은 운동 경기에서 남자와 여자를 함께 뛰게 하는 것처럼 잘못된 일일 수 있다. 남학생과 여학생 각각에 맞는 교육을 하는 것이 자녀와 제자들에 대한 진정한 사랑이자 교육의 정도(定道)다. 그래서 교육은 쉬운 것 같으면서도 어려움이 뒤따른다. 참다운 교육은 자녀와 제자를 사랑하는 마음과 헌신에서 비롯되며, 이를 통해 그들의 개성과 자아성에 대한 관심을 높일 수 있다.

　우리는 모두 소중한 아들과 딸의 부모이며, 교사들은 그런 아이들을 바르게 키울 수 있는 세심한 지혜와 교육적 식견을 갖추고 있어야 한다. 아들과 딸을 교육할 때 자립심이나 지적 성장의 속도 차이만을 문제 삼는 것이 아니다. 교육은 모든 개성 있는 인간을 100점짜리로 자라도록 돕는 일이기 때문이다.

어느 독일 학생이 알려준 값진 교훈, 나눔과 봉사

오래전 멕시코에서 올림픽 경기가 열리던 때였다. 우리 집에 독일에서 고등학교 2학년에 다니던 여학생 한 명이 와서 1년 동안 지낸 적이 있다. 기독교 국제기구에서 폭넓은 교육을 하자는 취지에서 한-독 고등학생들을 대상으로 교환학생 제도를 운영했을 때 참가한 학생이었다.

나에게 한 학생을 맡아달라는 요청이 와서 우리 집은 딸들이 있으니 여학생이 오면 좋겠다고 의견을 냈더니 그 여학생이 우리 집에 배정되었다.

우리 집에 온 학생을 포함해 11명의 남녀 학생이 서울에 머물며 한국 학교에 다니게 되었다. 우리 집에 온 학생은 집 바로 옆에 있는 금란여고에 배정되어 다니게 되었다. 우리 집에서는 그 아이를 '성연'이라는 한국 이름으로 불렀다.

성연이는 우리 집에 온 첫날 저녁때 아내에게 "엄마, 여기서 지내는 1년 동안 제가 할 일은 무엇인가요?"라고 물었다. 자기 집에서는 빨래, 설거지, 밥 짓기, 청소 등을 다른 가족들과 분담해서 해왔다며 여기서도 자기가 맡을 일이 무엇인지 물어본 것이다.

성연이는 1년 동안 지내며 맡은 일을 열심히 했다. 성연이가 떠난 뒤에도 우리 어머니가 "그 애가 다시 와서 한 해 동안 함께 지냈으면 좋겠다"고 말할 정도로 자기 역할을 충실히 했다. 어려서부터 집안일을 하는 것이 그 아이에게는 습관처럼 되어 있었던 것이다.

한번은 나에게 "다음 토요일 오후쯤 한국에 와 있는 친구들을 우리 집으로 초대하고 싶은데 어떨까요?"라고 물었다. 나는 엄마와 상의해서 정하는 것이 좋겠다고 말하고 나도 가능하면 참석하겠다고 약속했다. 어느 정도의 비용은 엄마가 도와줄 테니 너는 별로 신경 쓸 필요가 없을 것 같다고 미리 안심시켜 주었다. 내가 용돈을 주면 과소비가 될 것 같았기 때문이다.

여러 나라 남녀 고2 학생들이 모였다. 그 자리에 동양계 학생들은 없었다. 놀랍게도 학생들이 하나같이 "한국 가정이 모두 잘 산다"는 이야기를 했다. 그 공통된 기준은 각 집에 가정부가 있다는 점이었다. 11명의 학생 중 본가에 가정부를 두는 경우는 없었는데 여기서는 가정부가 없는 집이 없다고 했다. 그래서 편하게 지낼 수 있어 좋다는 얘기였다.

그다음에는 이곳 가정의 동생들을 보니 옷을 여러 벌씩 갖고 있어 부럽다고 했다. 자기네들은 옷이 있어봤자 두세 벌이 고작인데, 자기가 머무는 집의 여학생은 옷이 열 벌이 넘는다는 것이다. 자기들처럼 스스로 돈을 벌어서 사는 것이 아니고 어머니가 무조건 사준다며 부럽기도 하지만 이상하게 느껴지기도 하는 것 같았다. 성연이도 카메라를 사기 위해 2년 동안 절약하며 돈을 벌었는데, 이곳 학교 친구들은 부모에게 부탁만 하면 사주는 것 같더라고 말했다.

한 학생은 학교에 갈 때마다 자가용을 태워 줘서 버스를 타 본 적이 별로 없었고 언제나 고급 식사를 했기 때문에 체중이 늘었다는 얘기도 했다.

한마디로 한국이 세계에서 제일 잘사는 나라 같아 보였다는 것이다. 그러나 문제는 그런 생활 속에서 무엇을 배워야 할지 잘 모르겠더라는 의견이었다. 드러내놓고 말하지는 않았지만, 정신적으로 빈곤하게 살기 때문에 물질적인 면에 치우친 것 같다는 평가이기도 했다. 이는 독서하는 부모, 대화의 상대가 되는 가족이 없었다는 의미로도 해석되는 것 같았다.

어느 날 저녁때였다. 내가 집에 돌아오자마자 성연이가 "아버지, 오늘 이상한 것을 보았어요"라고 말했다. 내가 무엇이냐고 물었더니 오늘 담임 선생님이 "너희 가운데 고등학교를 졸업하고 대학에 가기를 원하는 학생들은 손을 들어봐라"라는 말에 자기 반 학생 62명 중 61명이 손을 들었다고 대답했다. 내가 "한 학생은 안 든 모양인데 누구지?"라고 묻자 자기만 못 들었다고 했다. 왜 안 들었냐는 물음에 "전 아직 대학에 갈지 안 갈지를 결정하지 못하고 있어요. 언니도 대학에 안 갔으니까요"라면서 독일에서는 대학의 등록금이 없어 공짜로 다닐 수 있지만 대학에 지망하는 학생은 아주 적다고 대답했다.

남녀 공학 졸업반 학생 24명 중 6명 정도가 대학에 진학하고

8명 정도가 지원할 의사를 보이는데, 선생님은 "무엇 때문에 대학에 가나? 기술을 배워 사회생활을 하다가 나중에 필요하면 스스로 공부할 수도 있는데"라며 만류한다고 했다. 그러고는 "61명이 모두 대학에 가면 나중에 무슨 일을 하게 되지요?"라며 오히려 놀랍다는 표정을 지었다. 독일에서는 의사, 법관, 교수 등 특정 직업을 원하는 사람들만 어려운 학문을 하는 것으로 여기고 있다고 했다.

성연이는 한국에 머무는 동안 제주도와 설악산을 다녀왔고, 나와 함께 눈 내리는 날 춘천을 왕복하기도 했다. 당시에는 지금과 같은 교각 도로가 없었을 때였다. 성연이는 "이렇게 경치 좋은 곳은 처음"이라며 설악산의 경치를 매우 마음에 들어했다.

당시 멕시코에서 열리는 올림픽 경기 결과가 TV에 보도되곤 했다. 성연이가 제일 먼저 응원하는 것은 서독이고 다음은 동독이었다. 그리고 그다음 순서로 한국을 응원했다. 우리 아이들이 "너는 왜 동독을 응원하느냐?"고 물으면 "서독 다음에는 동독을 응원하는 것이 당연하지 않냐?"라고 반문했다.

그 당시는 어른들도 북한을 응원하면 '빨갱이'로 오인되었을 정도였고 어떤 경기에서도 북한은 패해야 한다고 생각하던 때였다. 부끄럽지만 나 자신도 그렇게 생각하고 있었으니까 변명의 여지는 없었다. 독일의 경우 그런 민족적인 공감대가 이데올로기의 거리보다 가까웠던 덕분에 통일이 빨리 이루어졌는지도 모르겠다.

성연이가 우리 집에 온 다음 날 아침이었다. 나는 그 아이에게 "너희는 어렸을 때부터 월급을 받아 살아왔고 더 필요한 돈은 일을 해서 벌어 썼을 것이다. 하지만 우리나라에는 돈벌이할 일이 딱히 없으니 적지만 내가 주는 월급으로 살아야겠구나. 책값과 학교 등록금은 따로 줄 것이고 너한테는 한 달에 월급으로 2,000원을 주겠다"라고 약속했다. 그 당시에는 우리 아이들도 2,000원(지금으로 환산하면 약 7만 원)씩 받고 있었다.

본래 서양 아이들이 그렇지만 성연이도 철저히 구두쇠였다. 신촌 우리 집에서 서대문까지의 거리는 버스 요금이 아깝다고 걷는 것이 예사였고 종로나 동대문까지는 되어야 버스를 타고 다녔다.

아이스크림이 먹고 싶으면 제 돈은 아껴두고, "엄마, 아이스크림이 떨어졌는데 내가 가게에 가서 사올게요"라고 말하고는 엄마가 주는 돈으로 사다가 자기도 얻어먹곤 했다.

군것질하는 모습은 거의 볼 수 없었고 엄마를 따라 시장에 가도 "지금은 과일값이 비싼데 좀 더 기다렸다가 값이 떨어진 후에 사자"고 제안했다. 독일에서 절약하던 생활 습관이 한국에서도 드러났던 것이다.

한번은 아내가 아이들을 데리고 여행을 다녀왔다. 돌아와서 하는 말이 "여행을 하면서 성연이가 우리 아이들보다 돈을 더 아끼는 모습을 보니 내가 우리 아이들을 잘못 키운 것 같아요"였다. 여관을 잡을 때도 우리 아이들은 하루에 얼마냐고 묻고 2,000원이라고 하면 방 둘을 달라고 하는데, 오히려 성연이가 "엄마, 잠만 자면 되는데 이곳은 너무 비싸 보여요. 내가 더 싼 데가 있나 알아볼게요" 하고는 1,700원짜리를 찾아 그리로 가자고 말했다는 것이다. 덕분에 600원을 절약한 셈이었다.

어느 날, 성연이와 같이 버스로 시내에 나갈 일이 생겼다. 당시는 차장이 좌석을 돌아다니며 요금을 받을 때였다. 요금이 20원이어서 차장에게 50원 동전을 주었더니 차장이 거스름돈 10원을 주고 갔다. 그때 성연이가 지갑을 열고 20원을 꺼내더니 나에게 건네주었다. 자기 차비까지 내주었으니까 받으라는 것이었다. 내가 "네 돈은 넣어 두어라"라고 했더니 어째서 그러냐고 물었다. 내가 "오늘은 아버지와 같이 가니까 아버지가 내주는 것이다"라고 말했다. 다른 동생들도 그렇게 하느냐고 묻더니 그러면 자신 것도 내달라면서 20원을 도로 지갑에 넣었다. 그 표정에는 '오늘 20원 벌었다' 하는 만족스러움이 묻어 있었다.

그다음부터는 식사하다가도 "아버지, 오늘 오후에 시내에 안 가요?"라고 물었다. 내가 "20원 벌고 싶어서?"라고 웃으면 '20원이 어딘데'라는 눈치였다. 사실 당시의 20원이면 큰 금액이기도 했다.

한번은 아내에게 "성연이가 저렇게 절약하는 것을 보면, 한 달에 2,000원씩 받아서 1,000원쯤 쓰고 나머지 돈은 남기는 것 같은데 어디에 쓰는지 모르겠어. 독일로 가지고 갈 것도 아닐 텐데?"라고 물었다. 그 후 아내가 계속 살펴본 뒤 내게 알려준 내용은 이랬다.

학교는 바로 옆이라 교통비가 들지 않으니 2,000원을 아끼고 아껴서 1,000원 이상을 남기고는 도화지·크레파스·지우개 등을 사서 서랍에 넣어 두었다가 토요일 오후만 되면 학교에서 돌아오는 대로 책가방에 도화지와 크레파스 등을 넣어서 사직동으로 간다고 했다.

당시 사직공원 옆에는 시립아동병원이 있었다. 이 병원에 입원해 있는 어린이들은 고아원에서 왔다가 고아원으로 돌아가는 아이들이었다. 입원해 있어도 찾아오는 사람이 없어 자기들끼리 지내는 수밖에 없는 형편이었다. 그런 사정을 알게 된 성연이는 그 병원에 아이들을 만나러 갈 때 도화지와 연필 등을 사가지고 가서 그림도 그리게 해주고 노래도 가르쳐 주면서 놀아 주었다는 것이다. 돈이 남으면 의사의 허락을 받아 초콜릿을 사가기도 했다. 토요일마다 아이들을 만나러 그곳에 가는 비용을 장만하기 위해 그렇게 아끼고 절약했던 것이다.

어느덧 1년이 다 지난 어느 토요일 오후에 내가 학교에서 돌아왔더니 성연이가 자기 방에서 흐느끼며 울고 있었다. 내가 옆으로 다가가 "1년 동안 살다가 집으로 가게 되니까 섭섭하지?"라고 위로해 주었다. 성연이는 "다른 것은 다 괜찮은데 오늘 아동병원에 마지막으로 다녀오고 나서 마음이 너무 슬퍼졌다"며 "아이들에게 나는 화요일 저녁에 독일로 가기 때문에 오늘이 마지막이고 다시는 못 온다고 말했더니 아이들이 다 울었어요. 아이들이 이제 우리는 누구를 기다리느냐고 울면서 매달려서 나도 울었어요. 그 아이들 모습을 잊을 수 없어요"라고 말했다.

그 얘기를 듣는 내 눈에도 눈물이 고였다. 그리고 나 혼자 속으로 중얼거렸다.

'저 아이들은 정말 잘 자랐구나. 저렇게 남을 위해 봉사하고 도우려는 마음을 갖고 자라니 직장에 가더라도 그런 정신으로 일하고, 사회에서도 남에게 고통을 주지 않는 착한 심성을 갖게 되는구나.' 그러면서 저렇게 아이들을 교육하니 독일이 잘 살 수밖에 없는 것이라는 생각이 들었다.

최근 우리는 청소년 범죄 문제를 두고 많은 우려와 논의를 쏟아내고 있다. 우리 자녀들이 피해자가 되지 않을까 걱정하기도 하고 우리 아이가 그런 범죄자가 될까 봐 마음을 졸이는 부모들도 있다.

그 해결책은 무엇인가. 중고등학생 때부터 봉사를 경험하게 해주는 것이다. 그런 아이들은 훗날에도 범죄에 빠져들지 않으며 남을 돕지는 못할지언정 남에게 고통을 주는 일은 하지 않는다.

봉사 경험이 있는 아이들은 군대에 가서도 범죄 행동을 하는 불행을 초래하지 않으며, 직업을 대하는 태도도 성실해진다.

최근에는 우리나라 교육과정에도 도입되긴 했지만, 선진국에서는 중고등학교 때 반드시 봉사 체험을 하도록 한다. 그것이 인성 교육의 핵심이 되기 때문이다. 그리고 대학 진학을 위해서는 봉사 경험이 필수 요소의 하나로 정해져 있다. 우리의 반성과 뉘우침을 촉구하는 사례가 아닐까 싶다.

과시욕을 긍정 에너지로,
아이마다 빛나는 길 찾아주기

사람은 누구나 자기 능력을 인정받고 자기 자신을 과시하고 싶은 욕망이 있다. 특히 남학생들은 과시욕이 성장과 발전의 원동력이 되기도 한다.

이때 정신적이고 내적인 소질과 능력이 있는 아이들은 표면적 과시욕이 적다. 시를 잘 쓰거나 문학성이 뛰어난 학생, 그림을 잘 그리거나 노래를 잘하는 학생, 통솔력이 있는 학생들은 그 내적인 자부심이 있기 때문에 열등감을 느끼지 않는다. 대개 공부를 잘하는 학생들은 주변에서 인정받고 스스로 만족감을 느끼기 때문에 그것으로 충분하다. 운동을 잘하는 학생은 그것이 자랑거리가 된다. 교사들의 특별한 사랑과 기대를 한몸에 받는 학생도 그것으로 만족할 수 있다.

하지만 모든 점에서 열등의식을 느끼고 자신이 남보다 못하며 뒤처지고 있다고 스스로 느끼는 아이들은 인정받고 싶거나 과시하고 싶은 욕망이 엉뚱한 방향으로 나타나기도 한다. 오래전 단정한 교복이 강요되던 시절에는 교모를 비뚤게 쓰거나 우리 시대에는 모자 위에 기름기를 묻혀 '빵떡모자'를 만들어 쓰기도 했다. 옷을 남들과 다르게 입어 주의를 끌거나 자신을 드러내 보이기도 한다.

그런데 그 어느 점에서도 인정받지 못하고 과시욕을 채울 방법이 없는 학생은 폭력을 자기 노출의 수단으로 삼는 경우가 있다. 소위 '깡패'가 되어 주먹을 씀으로써 자신의 위력을 인정받고 싶어 하는 것이다.

오래전 올림픽 복싱 종목에서 은메달을 딴 우리나라 선수가 있었다. 신문에 보도된 내용을 읽어보니 그 선수는 중학교 때 골목대장을 했고 싸움꾼으로 통했던 모양이다. 그가 원주의 한 고등학교에 입학했을 때 그 학교 체육 교사가 그의 주먹 힘을 알아보고 복싱을 시킨 것이 올림픽 은메달리스트가 된 계기라는 얘기였다. 그 선수의 어머니는 아들이 불량배가 될까 걱정스러워 교회에 나가 선량한 학생이 되게 해달라고 계속 기도를 드렸다고 했다.

이처럼 모든 학생은 자신이 가진 과시욕을 긍정적인 방향으로 발현시킬 때 바람직하게 성장하고 성공에 도움이 된다. 하지만 이러한 욕구가 선한 방향으로 충족되지 못하고 억제될 때는 잘못된 길을 택하게 된다.

오래전에 유명한 교육자이자 의사였던 김명선 교수에게서 들은 이야기 하나를 소개한다.

어느 가정에 여러 자녀가 있었는데, 대부분 성적이 우수하여 남들이 부러워하는 모범생이었다. 그런데 넷째 아들만 공부 성적이 좋지 못했다. 이에 부모는 "너 때문에 다른 형제들까지 창피해진다", "어떻게 집안에 저런 아이가 태어났는지 모르겠다"며

불만을 쏟아내곤 했다.

다른 형제들은 모두 명문 중학교와 소위 일류 고등학교에 진학했지만, 이 아들은 그럴 자신이 없었다. 결국 이름 없는 삼류 고등학교에 지원했고, 입학시험 발표일이 되었다. 부모는 "발표 보러 같이 가줄까?"라고 물었지만, 아들은 "어차피 떨어졌을 테니 혼자 가보겠다"며 집을 나섰다. 아버지는 "그래, 그런 학교는 입학한다고 해도 다니기 창피할 테니까"라며 탐탁지 않아 했다.

아들은 창피를 무릅쓰고 학교에 가보았지만, 예상대로 불합격이었다. 그는 집으로 돌아가고 싶지 않았다. 그렇다고 딱히 가고 싶은 곳도 없었다. 운동장을 서성이다가 낙방한 다른 친구를 만났는데, 둘 다 갈 곳이 없기는 마찬가지였다. 그래서 서울역 앞의 한 무면허 하숙방을 찾아갔고, 그곳에서 자신들과 비슷한 처지의 다른 친구들도 합류하게 되었다. 생활비가 떨어지면 돌아가면서 자기 집에서 돈이나 물건을 훔쳐 생활비를 충당했다. 그러다 가족들의 추궁이 시작되자, 여러 고민 끝에 남의 물건을 훔치거나 소매치기를 하는 길을 택했다. 결국 서울역 일대에서 소매치기가 되고 만 것이다.

그러다 붙잡혔고, 어린 나이였기에 녹번동 소년원으로 이송되었다. 소년원에서 조사를 받은 후 연락이 닿은 부모가 아들을 집으로 데려왔지만, 또다시 책망하기 시작했다. "시험에 떨어졌으면 집으로 돌아와 조용히 있을 것이지, 왜 범죄까지 저질렀느냐"며 나무랐던 것이다.

바로 이런 처지에 놓인 가정에 오래전부터 잘 알고 지내던 원로 교수 김명선 박사가 방문하게 되었다. 김 박사는 문제아가 된 소년을 옆 방으로 보내고 나서 나머지 가족들에게 설명했다.

"이 가정은 교육이 무엇인지 잘 아는 집안인데, 저렇게 해서 자식 하나를 내버리는 경우가 어디 있습니까? 자녀가 여섯이나 되면 그중 한두 명이 공부를 못 할 수도 있는 것은 당연하지 않습니까? 모두 똑같이 성적이 우수해야 한다는 법이 어디 있습니까? 오히려 그런 아이가 생겼을 때는 부모가 다른 형제들에게 '너희들이 공부를 잘하는 것도 좋지만, 공부가 전부는 아니다. 그림을 잘 그릴 수도 있고, 운동선수가 되어도 좋고, 성적은 좀 뒤처지더라도 리더십이 있어 훗날 정치가나 기업인이 될 수도 있는 것이다. 어떤 길을 택해도 좋으니 자기가 하고 싶은 일에서 최선을 다하면 된다'고 이야기했어야 하지 않습니까? '나중에 장사를 해서 돈을 벌어도 되고, 훌륭한 기술자가 되어 산업 분야에서 보람 있는 일을 할 수도 있으니, 미안해하거나 열등의식을 갖지 말고 즐겁게 힘닿는 데까지 노력하면 된다'고 위로해 주고 설명해 주었어야 하는 것 아닙니까?"라고 타일렀다.

그분의 교육적 식견은 옳았다. 학생 중에는 공부를 잘해서 교사와 부모의 인정을 받는 소수의 학생도 있지만 모두가 공붓벌레가 되어야 한다는 법은 없다. 제각기 타고난 소질과 개성을 유감없이 살려갈 수 있다면 그보다 더 좋은 교육적 성과는 없다. 인간 평가의 잣대는 각자가 상대적으로 갖고 있는 것이다.

만일 그 가정에서 문제아가 된 학생을 그만의 소질에 따라 운동이나 음악이나 미술을 선택하게 했다면 다른 형제들보다 더 행복한 인생을 살았을지도, 경우에 따라서는 공부를 잘한 형제들보다 더 성공했을지도 모를 일이다.

아는 사람은 알고 있는 이야기다. 우리나라의 유명한 화가 청전 이상범 선생의 큰아들은 17, 18세 때부터 화단에 이름을 날렸고 19세에는 지금의 국전에 해당하는 선전(鮮展, 조선미술전람회)이라는 미술공모전에서 특선 작품을 내놓아 세상을 깜짝 놀라게 한 적도 있었다.

내가 학창 시절, 그와 같은 하숙집에 살면서 그에게 직접 들은 이야기가 하나 있다.

그는 공부를 못 했다. 아버지의 후원으로 경복중학교에 입학했지만, 2년 연속 낙제를 하여 학교에서 쫓겨나는 신세가 되었다. 아버지는 화가 나서 아들을 문간방에서 나오지 못하게 하고 거의 자식 취급을 하지 않았다.

한번은 그가 아버지에게 "나도 그림이나 그려 보았으면 좋겠어요"라고 청했더니, 아버지는 "내가 공부를 못 해서 그림을 그린 줄 아느냐"면서 호통을 쳤다. 아들은 할 수 없이 아버지가 버린 화선지에 한 폭의 그림을 그려 문간방 앞마루에 세워 놓았다. 밖에 나갔다 들어오던 아버지가 그 그림을 보더니 "건영아, 이건 누구 그림이냐?"고 물었다. 아버지를 기다리고 있다가 문을 열고 나선 아들이 "제 그림입니다"라고 대답했더니 "네가 이런 그림을 그려?"라면서 돌아보지도 않고 안으로 들어가 버렸다.

한 달 동안 수고한 노력이 수포로 돌아간 순간이었다. 아들은 두 달쯤 걸려 또 한 폭의 그림을 그리고는 아버지가 귀가할 시간에 맞추어 창문 앞에 세워 놓았다.

술에 거나하게 취한 아버지가 들어오다가 그 그림을 보고는 "건영아!" 하고 아들을 찾았다. 대기하고 있던 아들이 문을 열고 나섰더니 "이 그림은 누구 거냐?"고 물었다. "제가 그렸습니다"라고 대답했다. 한참 그림을 보던 아버지가 "지난번 그림도 네 것이냐?"고 물었고, 아들은 "예"라고 답했다. 아버지는 "그 그림도 좀 보자"고 말했다.

두 그림을 한참 바라보던 아버지가 "건영아, 내가 잘못 생각했다. 앞으로 노력만 하면 네 그림이 역사에 남을 테니 정식으로 그림 공부를 시작해라" 하면서 아들을 화실로 데리고 들어가 친히 그림을 가르치기 시작했다는 이야기다.

그 천재 소년 화가는 한때 우리 화단에 큰 충격을 주었다. 19세 때의 특선 작품은 당시 조선 총독부가 구입했다. 사실, 그 전해의 작품도 특선감이었으나 아버지가 아들의 겸손한 장래를 위해 특선에서 제외시켰던 것이다. 다른 사람들은 그 작품의 주인공이 심사위원장인 이상범 선생의 아들인 줄 몰랐다.

나는 한 학기 동안 그 젊은 화백과 같이 지내면서 사람은 자기 소질과 개성을 찾아 노력하면 자신도 상상할 수 없는 업적을 남기게 된다는 것을 깨달았다. 그 친구는 공부만 못 한 것이 아니다. 키도 작았고 지나치게 못생긴 편이었으며 생활방식과 습관도 엉망이었다. 만약 그림을 그리지 못했다면 틀림없이 인생의 낙오자가 되었을 것이다. 나는 지금도 그 친구의 말을 기억하고 있다. "길가의 돌멩이도 쓸 데가 있는 법이다. 나 같은 사람이 그림을 안 그렸다면 어떻게 되었을지 모른다."

그 친구는 해방 이후에 북한으로 갔기 때문에 지금까지 그의 그림을 접할 수 없는 아쉬움이 남아 있다.

획일적인 교육에서는 토끼, 거북, 호랑이, 노루, 여우 등의 지상 동물만이 아니라 날짐승까지 함께 경주를 시키고는 어느 동물이 가장 빠른가를 따지는 것 같은 평가를 한다. 물론 지식을 배우고 지적으로 성장하는 것은 교육의 기초가 될 수 있고, 국민 교육의 의무 단계가 될 수도 있다. 그렇다고 해서 그 하나의 길이 교육과 성장의 전부는 아니다. 토끼는 토끼끼리 경주를 시켜야 하고 거북은 거북끼리 경쟁을 시켜야 한다. 다른 동물들은 또 그 나름대로의 특기가 있는 법이다.

어린 학생들이 갖고 있는 인정받고 싶은 욕구와 자기 과시욕은 사실 사랑과 관심을 받고 싶다는 기대심리다. 모든 어린이는 사랑 어린 관심을 받아야 한다. 과시욕은 자신의 표현이다. 삶의 뜻을 드러내고 싶은 것이며, 넓은 의미로 말하면 존재의 의미를 보여주고 싶은 것이다.

그 싹을 꺾어 버리는 교육은 교육이 아니다. 교사나 부모가 그 싹을 긍정적으로 받아들이고 소질이나 개성과 연결지어 뒷받침할 수 있다면 모든 자녀는 행복과 성공의 길을 개척할 수 있다. 그것이야말로 진정한 교육이다.

제3장.

성장을 위한 배움, 진짜 교육의 시작

삶을 풍요롭게 하는
예체능 교육의 진정한 가치

　예로부터 우리 민족이 예술과 기능 분야에서 뛰어난 재능을 지녔던 것은 사실이다. 하지만 500년간 이어진 유교 문화의 영향으로 기술과 예술 분야가 천대받았다. 이 분야의 업적이 문(文) 과 무(武) 다음으로 인정되더라도 천한 직업으로 취급되었던 탓에 불행의 원인이 되기도 했다.

　과거 천대받던 예능 분야는 근래에 지나칠 정도로 관심과 열성이 확대되고 있다. 특히 경제적 여유가 있는 가정의 어머니들은 자신의 딸을 세계적인 연주가로 키우려는 강한 열망에 사로잡혀 있다.

　어렸을 때부터 아이들을 학원에 보내거나 개인 레슨을 받게 하는 등 과도한 사교육 지출은 세계적으로 유례를 찾기 어려울 정도다. 학부모들의 이러한 무리한 경쟁은 해외에까지 알려져 있는데, 특히 음악 분야에서 이러한 경향이 두드러진다.

　이는 마치 돈과의 싸움처럼 보이기도 해서 가난한 가정에서는 예술가가 탄생하기 어렵다는 말이 공공연하게 인정될 정도에 이르렀다. 또한 예체능적 소질은 비교적 일찍부터 계발된다는 생각 때문에 어린 나이에 여러 과외 지도를 받는 아이들이 늘어나고 있다.

　현재의 예체능 교육 과열 현상을 무조건 부정적으로 볼 필요는 없다. 하지만 개인의 성과만을 중시하고 사회 전체의 발전을 간과해서는 안 된다. 선진 사회에서는 수많은 선수 중에서 뛰어난 역량을 가진 이들이 국가대표로 선발된다. 이와 달리 우리는 국민 전체의 체력 증진은 충분히 고려하지 않는 경향이 있다. 열 명의 올림픽 선수를 배출하는 것도 중요하지만, 전 국민의 건강이 증진되어 유능한 체육인들이 많은 사회가 더 바람직하다.

    이는 음악 분야에서도 마찬가지다. 피아노를 즐기며 연주하는 사람들 가운데 훌륭한 연주자가 탄생하는 분위기와 소수의 연주자만 집중적으로 육성해 성과를 내려는 풍토는 같을 수 없다. 예술을 향유하는 저변이 확대되어야 하며, 그 가운데서 능력이 탁월한 연주자가 자연스럽게 선발되는 사회 분위기가 조성되어야 한다. 현재로서는 이런 분위기가 아쉬울 따름이다.

    더 중요한 것은 예체능 교육에서 반드시 필요한 조건이 있다는 사실이다. 많든 적든 예술적 소질을 충분히 계발하기 위해서는 필수적인 조건이다. 그것은 바로 기술, 예술성, 개성이다.

    모든 예술 작품은 그것을 나타낼 수 있는 기술 습득이 선행되어야 한다. 악보를 읽을 줄 모르는 사람이 악기를 연주할 수 없고, 기법을 익히지 못한 사람이 그림을 그릴 수 없는 것처럼 예체능 교육은 기초 기술을 습득하는 것에서 시작된다. 악기 연주나 그림 그리기처럼 학교에서 배우는 활동 역시 이러한 기술 습득의 일부다. 문학도 마찬가지다. 자신이 표현하고자 하는 생각과 감정을 담아낼 문장력이 없다면 작가가 될 수 없다.

하지만 단순히 기초적인 기술이 뛰어나다고 해서 훌륭한 연주가나 화가, 작가가 되는 것은 아니다. 기술이 뛰어나면 곧 예술가의 자질을 갖춘 것으로 착각하기 쉽지만, 충분한 기술은 예술을 만들어내기 위한 기본 조건일 뿐이다.

그 기술의 생명이자 내용을 이루는 예술성을 동반하지 못하면 진정한 예술가가 될 수 없다. 사진 찍듯이 사물을 있는 그대로 묘사했다고 해서 화가가 되는 것이 아니며, 악보를 보고 실수 없이 연주했다고 해서 그 기술 자체가 예술이 되는 것은 아니다. 기술은 예술을 담기 위한 그릇과 같다. 그 그릇 속에 예술적 의미와 가치가 담겨 있어야 진정한 예술로 승화된다. 예를 들어, 꽃꽂이를 아름답게 했다고 해서 그것이 곧 예술품이 되는 것은 아니다. 그 꽃꽂이 속에서 '고독'을 느끼거나 '평화'의 인상을 받을 수 있을 때, 비로소 그 꽃꽂이는 예술적 내용을 갖추게 되는 것이다.

오래전 주간지 「타임」에 로마 교황 바오로 6세의 초상화가 실린 적이 있다. 해당 작가의 고백은 다음과 같았다. "「타임」지로부터 200장이 넘는 교황의 사진을 받았지만, 나는 초상화를 그릴 수 없었다. 교황 바오로 6세에 대한 어떠한 이미지도 떠오르지 않았기 때문이다."

마감 날짜를 앞두고 고민하던 작가는 마침내 하나의 이미지를 얻었다. 그것은 바로 '고뇌하는 사람'이었다. 사실 바오로 6세는 1천여 년에 걸친 가톨릭의 전통을 새로운 방향으로 이끌기 위해 깊은 고뇌와 고민을 거듭했고 이를 통해 가톨릭의 큰 전환을 이뤄냈다. '고뇌하는 사람'이라는 이미지를 얻은 작가는 곧바로 작업에 착수할 수 있었고, 오히려 이미지를 얻기 위해 애썼던 시간보다 훨씬 짧은 시간에 작품을 완성할 수 있었다.

예술 교육을 담당하는 교사나 기대를 품고 있는 부모들이 첫 단계인 기술 습득만으로 예체능 교육이 완성된다고 착각해서는 안 된다. 기술적으로 우열을 가릴 수는 있겠지만, 그러한 기술을 가진 어린이는 생각보다 많다.

그러나 그런 기술 위에 예술성을 갖추는 것은 결코 쉬운 일이 아니다. 예술성이 풍부한 사람은 계속해서 작품 활동이나 연주 활동을 발전적으로 이어나갈 수 있지만, 예술성을 갖추지 못한 사람은 도중에 포기하는 경우가 자주 발생한다. 그리고 이는 당연한 이치이기도 하다. 기술만으로는 진정한 창작을 해낼 수 없기 때문이다.

나아가 아무리 예술성을 갖춘 작품이라 할지라도 그것이 사회적으로 인정받고 평가받기 위해서는 또 다른 조건이 필요하다. 바로 예술에서의 자아성, 즉 개성이라 불리는 창의성이다.

자연 과학이나 논리적 추리에는 누구나 인정하는 보편성과 객관성이 요구된다. 하지만 예술의 생명적 가치는 개별성과 특수성에 있다. 같은 곡이라도 완전히 똑같은 연주란 있을 수 없으며, 같은 소재와 대상을 그렸더라도 동일한 그림은 존재할 수 없다. 만약 똑같은 작품이라면 그것은 예술적 창작품이 될 수 없다.

여기서 말하는 개성은 오직 그 작가만이 가진 예술적 성격이며, 작가의 삶과 인간성에서 우러나오는 것이다. 그리고 이러한 개성이 예술성을 이끌어내고, 더 나아가 그 예술성이 새로운 기술까지 유도하게 된다. 훌륭한 연주가들이 바로 이러한 예술가들이며, 피카소나 샤갈 같은 거장들의 그림이 바로 그러한 특성과 내용을 담고 탄생한 것이다. 따라서 예술은 일회적이고, 모든 작품이 저마다 고유한 특수성과 개성을 지니고 있다.

이제 우리의 과제로 돌아가 보자. 나 자신도 예술에 대해서는 문외한임에도 불구하고 이러한 이야기를 하는 이유는 명확하다. 예술에 대한 기본적인 상식조차 모른 채, 자녀가 약간의 기술을 가졌다고 해서 유명한 예술가로 만들겠다는 욕심을 가진 부모들이 너무 많기 때문이다. 이제는 우리가 예술을 대하는 태도에 대해 더욱 겸손하게 반성해 봐야 할 때다.

세상의 모든 이치가 그렇다. 누구나 목사나 신부, 승려는 될 수 있지만, 진정한 신앙을 갖춘 종교가는 드물다. 지식을 가르치는 수많은 선생은 있을 수 있지만, 진정한 스승다운 스승은 극히 드문 것이 현실이다.

예술은 우리 생활의 일부이므로 다른 분야의 교육만큼이나 예체능 교육도 필요하다. 또 우리 자녀들이 그 혜택을 받아야 마땅하다. 그러나 모두 예술가가 될 수 있다는 생각이나 누구나 예술가의 경지에 도달할 수 있다는 사고는 올바르지 않다. 특히 돈만 있으면 훌륭한 선생 밑에서 뛰어난 예술가로 성장할 수 있으리라는 과도한 욕심은 금물이다. 오히려 그러한 재력이 있다면 더 우수한 잠재력을 지닌 청소년들이 예술의 길로 나아갈 수 있도록 그 길을 열어 주는 데 쓰는 것이 더욱 바람직하지 않겠는가.

그렇다면 예체능 교육은 왜 필요하며, 왜 모두에게 요구되는 것일까? 바로 예술적 소양을 기르기 위해서다. 예술 작품을 감상하고 예술을 향유함으로써 삶의 질과 내용이 더욱 풍부해진다면 그것만으로도 예체능 교육의 필요성은 충분히 설명된다. 궁극적으로 예술은 그 자체가 삶의 내용이므로 예술과 무관한 인생과 생산성은 존재할 수 없다.

1961년 가을, 시카고의 한 트랙터 공장을 견학한 적이 있다. 그 거대한 공장의 커다란 정문에는 '우리가 만드는 트랙터는 예술품이다'라는 문장이 적힌 현판이 걸려 있었다. 훗날 우리나라의 한 기업가에게 이 이야기를 들려 주었더니, 그는 "우리는 50년이 지나도 그런 표어를 붙이지 못할 것"이라며 부러워했던 일이 기억난다.

예체능 교육의 진정한 필요성은 바로 여기에 있다. 예술은 삶의 내용을 풍요롭게 하고, 예술을 통해 삶의 질을 향상시킬 수 있다는 점에서 예술 교육은 분명한 사회적 의미와 가치를 지닌다. 이러한 이유로 어려서부터 예술 교육이 이뤄져야 하며, 실제로 외국에서는 대학 입시 조건 중 하나로 예체능 분야를 중요하게 반영하고 있다. 예술을 이해하고 사랑하며, 예술이 주는 삶의 풍요로움을 누릴 수 있도록 하는 것, 바로 그것이 예체능 교육의 진정한 의미다.

　이러한 관점에서 우리는 지금까지의 예체능 교육을 되돌아보고, 그 방향과 목표에 있어 근본적인 변화가 필요함을 깊이 인식해야 한다.

기억력이 아닌
이해력과 사고력 깨우기

　한 젊은 교수가 나에게 "선생님, 저는 딸과 아들이 하나씩 있는데 욕심 같아서는 아들이 머리가 좋았으면 합니다. 그런데 딸이 더 영리한 것 같습니다"라고 말했다. 그래서 내가 몇 살이냐고 물었더니 여섯 살, 네 살이라고 했다. 아무리 교수라고 해도 역시 부모는 자녀에 대한 욕심에서 벗어나기 어려운 것 같았다.

　사람들은 대개 딸이 아들보다 더 머리가 좋은 것 같다고 말한다. 그러나 이는 실제로 머리가 좋은 것이라기보다는 딸이 아들보다 눈치와 재치가 더 일찍 발달하기 때문에 그렇게 보이기도 하는 것이다.

　내 생각에는 초등학교 5학년쯤 될 때까지는 머리가 좋고 나쁨을 따지지 않는 것이 지혜로운 듯하다. 달걀에서 갓 깨어난 병아리들을 대상으로 지능의 우열을 가린다는 것은 그 자체가 잘못된 생각이다.

　교육 선진국에서는 초등학교 때 학과 성적을 그다지 중요시하지 않는다. 비교적 앞서는 아이가 있고 뒤처지는 아이가 있어도 훗날 성장 과정에서 그건 아무런 영향도 미치지 않고 평가의 대상도 되지 못하기 때문이다.

　그렇다면 머리가 좋고 나쁨을 평가하는 기준은 무엇인가?

13~17세쯤까지는 기억력의 좋고 나쁨이 관심의 대상이 된다. 대개 여학생은 16세, 남학생은 17세에 기억력의 최고조에 이른다. 우리는 기억력이 앞서는 아이들을 머리가 좋다고 생각한다. 어학 공부나 독서 같은 것은 그 기간에 하는 것이 좋다.

나는 중학교 2학년 때 톨스토이의 『전쟁과 평화』를 읽었다. 지금도 거기에 나오는 주인공들의 이름이나 전쟁 및 무도회의 장면들을 떠올리곤 한다. 그러나 대학에 다닐 때 읽은 소설의 내용은 정확히 기억하지 못한다. 어떤 사상적 흐름과 문제를 다루었다는 점만 기억하고 있을 뿐이다.

최근 읽는 소설들은 주제만 머릿속에 있을 뿐 내용은 기억하지 못한다. 중고등학생 때의 기억력이 가장 우수했다는 증거다.

그러다가 16~17세 이후로 기억력은 서서히 약화되기 시작한다. 더 높은 수준의 정신력이 자라야 하기 때문이다. 그 정신능력을 넓은 의미로 이해력이라고 한다. 기억력은 얼마나 많이 아느냐 하는 지식의 양에 관련된다.

반면 이해력은 얼마나 넓고 통합적으로 받아들이고 활용하는가를 뜻한다. 즉, 단편적인 지식의 조각들이 아니라 문제의 내용을 파악하고 그것을 자기 것으로 만들어 활용할 수 있는가를 판단하는 능력이다. 기억력이 지적인 유·소년기에 해당한다면 이해력은 정신적인 청년기에 속한다고 볼 수 있다.

이해력의 과정이 끝나면 그다음 단계인 사고력으로 나아가게 된다. 개인차는 있지만, 대개 20~21세쯤 되면 이해력보다 사고력이 강하게 고개를 들기 시작한다. 이 무렵부터 이해력은 자연히 정신활동의 무대에서 뒤로 밀려나게 된다. 물론 기억력은 사고력에 필요한 자료를 제공하는 역할을 할 뿐 기억력 자체는 이해력이나 사고력 앞에서는 주도적인 역할을 하지 못한다. 사고력은 오래 계속되며, 개인의 노력에 따라 60세는 물론 그 이상까지도 발전할 수 있다.

또 사고력의 특별한 능력을 창조력이라고 한다. 몇몇 사람들은 사고력에서 더 나아가 창조력까지 도달하며, 사고력의 질적 발전을 이루기도 한다. 사회에 나가면 사고력이 앞선 사람이 모든 분야에서 지도자가 되고 이해력을 갖춘 사람이 그 밑에서 일하게 되나 기억력이 좋은 사람은 그 아래에서 심부름을 하는 정도에 그치는 것이 보통이다.

그렇다면 머리가 좋다는 것은 무엇인가. 이 세 가지를 적절히 갖추고 있어야 한다는 뜻이다. 그래서 머리가 좋은 사람은 대학 후반기나 대학원 때 능력을 발휘하는 것이 보통이다.

나같이 오랜 세월 대학에서 학생들을 가르치며 지켜본 경험에 의하면, 남학생들은 늦게까지 사고력이 성장하지만 여학생들은 사고력 경쟁에서 남학생들에게 뒤지는 경우를 본다. 그것은 여학생들이 기억력과 이해력은 남학생들보다 우수하나 사고력에서는 뒤지기 때문이라고 생각된다. 그것이 나쁘다는 것은 아니다. 오히려 여학생들은 이해력과 직관력에서 남학생들을 앞지르기 때문에 그 분야의 학문을 택하면 된다. 대개 예술적인 분야에서 여성이 남성보다 더 많이 활약하는 것은 여성의 직관력과 이해력이 좋기 때문이다.

이런 문제가 중요하게 부각되는 이유는 우리 사회에서는 머리가 좋고 공부를 잘하는 기준을 기억력의 우수성에만 두고 평가하는 경향이 있기 때문이다. 고등학교 고학년이나 대학생들에게 기억력을 기준으로 하는 평가를 한다면 학생들의 이해력이나 사고력이 제대로 자랄 수 있겠는가.

교육 선진국에서는 고등학생 시절에는 이해력 향상을 교육의 핵심 목표로 삼는다. 학생들로 하여금 서로 대화하고 토론하며 문제를 인식하고 인간관계 속에서 이해력을 키울 수 있도록 돕는다. 그리고 대학 또는 대학원에 가서는 깊이 있는 사고와 탐구를 통해 사고력을 발휘할 수 있는 교육을 실시한다.

사고력을 기를 수 없었던 교육 정책의 예를 들어 보자. 전두환 정권 때부터 대학 입학시험을 정부에서 관리하기 시작했다. 그것이 얼마나 행정 위주의 사고방식이고 획일적인 교육 방법이었는지는 차치하고라도 교육 역사상 큰 과오를 범했다.

수험생 수십만 명의 성적을 관리하려면 자연히 컴퓨터를 이용하지 않을 수 없었고, 그러기 위해서 객관식 문제를 벗어날 수가 없었다. 객관식 문제를 내려면 누가 얼마나 많이 알고 있는가를 묻는 방법밖에 없었다. 이해력이나 사고력은 컴퓨터로 측정할 수 없으니 자연히 기억력을 평가하는 출제가 요구되었다. 그래서 기억력이 높은 학생이 우수한 성적으로 원하는 대학에 갈 수 있었고 잠재적인 이해력과 풍부한 사고력을 갖춘 학생들은 뒷전으로 밀려날 수밖에 없었다.

    그것이 교육다운 교육이 아니라는 것을 뒤늦게야 깨닫게 되었다. 그래서 주관식 문제는 신입생을 모집하는 대학교에서 자체적으로 취급한다는 개선책이 나왔고 논술 문제를 출제해 이해력과 사고력을 측정하는 해결책을 택하기에 이르렀다.

    기억력만 평가하는 입시제도 때문에 한때 정규 고등학교를 자퇴하고 검정고시를 택하는 학생들이 생겼는가 하면 부유한 가정에서는 족집게 가정교사를 두기도 했다. 짧은 시간에 가장 많은 지식을 기억하도록 하는가에 초점이 모아졌기 때문이다.

    그런 입시 제도와 교육 정책 탓에 가장 우수한 학생들이 모이는 서울대학교는 한때 고급 공무원 양성소가 되었다는 비판을 받기도 했다.

    서울대학교에 입학한 학생들의 대부분은 공부꾼들이며 공부꾼들의 다수는 사고력을 지닌 학생들이 아니다. 서울대학교 자체가 여전히 사고력을 키워 주는 교육을 하지 못하고 있는 것이다.

    한 서울대학교 학생의 이야기가 생각난다. "우리 대학교에는 학자는 있으나 사상가가 없으며, 그 학자의 대부분도 공부꾼의 영역을 벗어나지 못하고 있다." 유감스럽게도 그 학생의 생각이 전적으로 잘못되었다고 보기는 어렵다.

1996년 당시 서울대학교 논술 문제를 놓고 사회적으로 이슈가 되었던 것은 그만큼 수준 이하의 출제를 했기 때문이었을 것이다. 대학 전체가 사고력 결핍의 현상을 만들고 있는 셈이다. 국가적 인재를 양성해야 할 일류 대학들이 미래 지향적인 교육을 하지 못하고 있는 것은 국가와 민족의 손실이 아닐 수 없다.

얼마 전까지만 해도 TV에서 장학금을 걸고 퀴즈 문답이나 논술 평가를 보여주는 프로그램이 방송되었다. 그러나 고등학생들에게 얼마나 단편적인 지식을 많이 알고 있는가를 묻고 그것을 평가 기준으로 삼는 것은 학생들의 이해력과 사고력을 약화하는 잘못된 결과를 가져올 수도 있다. 또 그런 식의 논술 지도는 사고력보다 문장 내용을 뜯어맞추는 형식적 사고만을 키우는 오류를 초래할 수도 있다. 대학에서는 문장을 분석하고 뜯어맞추는 정리 작업을 하는 사람이 아니라 훌륭한 글을 쓰는 사람을 키워야 한다.

사람들은 일본 민족이 모방에는 천재이기 때문에 선진국에서 창안해 놓은 기계와 기술을 빨리 받아들이고 활용해서 산업을 발달시키고 돈을 버는 데는 앞서 있으나 창조력이 부족하기 때문에 선진국의 뒤를 따라갈 뿐이라고 말한다. 궁극적인 문제는 탁월한 사고력과 창조력에서 결정되는 것이다.

앞으로 우리는 세계 무대의 창조력 경쟁에서 앞서야 한다. 그런데 이런 대학 교육으로는 창조력에서 앞설 수 있을지 걱정스럽다.

나는 교육자이기도 하지만 여러 자녀를 키운 부모이기도 하다. 여섯 자녀들 중 두 명은 고등학교 때 성적이 매우 우수하여 원하는 대학에 부담 없이 진학할 수 있었다. 또 두 명은 중상 정도의 성적이어서 그런대로 대학 진학에 큰 어려움이 없었다. 나머지 두 명은 좋은 고등학교에 다니기는 했으나 언제나 성적이 하위권에 머물렀다. 결국 원하는 대학을 포기해야 했고 교수가 될 가능성은 없다고 자타가 인정했을 정도였다.

그러나 아버지인 나는 그 두 아이에게 기대를 걸고 있었다. 그 아이들은 이상할 정도로 기억력은 우수하지 못했으나 이해력과 사고력에 있어서는 뒤지지 않았다. 그래서 나는 "너희들의 성적이 나쁜 것이 아니라 고등학교의 교육이 잘못되어 있는 것이다. 대학과 대학원에 가면 지금 성적이 좋은 학생들보다 우수해질 수 있으니 걱정하지 마라"고 타이르곤 했다.

놀랍게도 고등학교 때 성적이 뒤떨어졌던 세 아이가 결국 교수가 되었다. 그 아이들은 대학과 대학원에서 이해력과 사고력을 충분히 발휘할 수 있었고 특히 외국에서 대학원을 진학한 후에는 더 크게 성장할 수 있었다.

돌이켜보면, 상위권이었던 두 아이는 기억력이 앞섰기 때문에 고등학교에서는 좋은 성적을 받았지만 대학에서는 사고력 경쟁에서 밀릴 수밖에 없었다. 또 중위권이었던 아이들은 기억력과 이해력에서 어느 정도 수준을 유지했다. 그러나 하위권이었던 아이들은 비록 기억력이 부족했지만 이해력과 사고력을 갖추게 되면서 그 저력을 발휘할 수 있었던 것이다.

　교육은 바로 이런 방향으로 추진되어야 한다. 만일 우리 자녀들이 처음부터 교육 선진국에서 교육받았다면 이런 갈등과 모순은 겪지 않았을지도 모른다.

　중요한 것은 형식적이고 제도적인 교육 개혁이 아니다. 모든 청소년이 자신의 능력을 기꺼이 발휘할 수 있도록 이끌어 주는 교육, 그것이 진정한 교육 개혁의 방향이다.

자유와 존중의 교육,
미래를 잇는 인간관계의 힘

인간은 사회적 동물이다. 우리는 모두 사회 속에 태어나 사회 속에서 살다가 결국 사회를 떠난다. 삶과 죽음 모두 사회 안에서, 즉 다른 사람들과의 관계 속에서 이루어진다. 그렇기에 교육의 가장 중요한 내용은 바로 어떻게 선하고 아름다운 인간관계를 형성하고 유지할 것인가에 달려 있다.

동양의 가장 훌륭한 스승으로 공자를 꼽는다. 그가 위대한 스승으로 평가받는 이유는 선하고 아름다운 인간관계를 가르쳤기 때문이다. 그의 생애와 사상을 담은 『논어』의 중심 교훈은 윤리와 도덕이며, 이것의 핵심이 선하고 아름다운 인간관계다.

하지만 우리의 현실은 어떻게 선하고 아름다운 인간관계를 맺고 유지할 것인가에 대한 교육이 부족하다. 설령 교육에 인간관계에 대한 내용이 포함되어 있다고 해도 이기적이고 반사회적인 요소가 지나치게 많다. 한 예로 학교 성적을 더 잘 받게 하기 위해 시기심과 질투심을 조장하는 경우도 적지 않다. 일부 어머니들은 "왜 친구만 못하냐", "네 친구는 공부를 잘하는데 왜 너는 뒤처지느냐"는 식으로 아이에게 경쟁심과 이기심을 부추기기도 한다. 자녀 친구들 몰래 과외 공부를 시키거나 친구들의 성적이 낮게 나와야 네 성적이 잘 나올 수 있다는 식의 바람직하지 못한 태도를 보이는 어머니들도 적지 않다.

이러한 환경에서 자란 아이들이 어떻게 훗날 사회에 나가 다른 사람의 존경과 사랑을 받는 인물이 될 수 있겠는가. 교회나 종교 단체에서는 서로 돕고 배려하는 인간관계를 가르치지만, 경쟁의식이 강한 부모들 때문에 교육의 올바른 방향이 위축되기도 한다. 극소수이기는 하지만 일부 초등학교 교사들 또한 필요 이상으로 경쟁의식을 불어넣어 서로 돕고 배려하는 교육 풍토를 해치는 경우도 있다.

요즘에는 덜하지만 예전에는 모든 윤리와 인간관계의 핵심은 '효(孝)'에서 비롯된다는 견해가 보편적이었다. 교육개혁위원회에서는 그런 내용을 다루지 않았지만, 당시 대통령을 비롯한 사회 정신적 지도층들은 그 의미를 강조했고, 누구도 그 뜻에 반대하지 않았다.

그러나 올바른 인간관계 교육이라는 관점에서 볼 때 '효'를 강조하는 교육에는 몇 가지 문제점이 있다.

첫째, 동양의 근본정신을 따져보면 부자 관계는 효(孝)보다 친(親)의 관계였다는 점이다. 우리는 일찍부터 부자유친(父子有親)의 교훈을 이어받았다. 그 생각이 유교 전통 사회로 접어들면서 친이라는 상호 관계기 약화되고 효라는 상하 관계로 굳어진 것이다. 그것은 유교의 정신 대부분이 우리나라에 적용되면서 통치자와 지배자를 위한 가치관으로 바뀌었고 결국 친보다 효를 강조하기에 이른 것이다. 군신유의(君臣有義)에서도 의(義)가 충(忠)으로 바뀌었다. 현대인들은 누구나 부부간의 사랑을 강조하고 있으나 선조들은 부부유별(夫婦有別)이라 하여 별(別)을 미덕으로 삼았다. 또한 장유유서(長幼有序)는 능력이나 우월성보다는 연장자에 대한 존경심을 지나치게 강조한 면이 없지 않다.

따라서 효의 가치관에 대한 건설적 비판의식이 필요하다. 우리 자녀를 비롯해 요즘 청소년들에게 "어떤 부모를 바람직한 부모라고 생각하느냐"고 물어보라. 절대다수가 "친구처럼 대화를 할 수 있는 부모"라고 대답한다. 그 친(親)의 책임은 자녀가 아니라 부모에게 요구되는 과제다. 만일 진정한 친과 사랑을 베풀 수 있는 부모가 있다면 그 자녀들은 당연히 효심을 갖게 될 것이다. 친이 존재하지 않는데 일방적으로 효만 강조하는 것은 현명하지 못한 양육 방법이다. 먼저 친의 관계를, 그다음에 효의 관계를 맺는 것이 옳은 방법이다.

사실 우리 사회에 청소년 문제가 끊이지 않는 것은 청소년 당사자의 잘못보다는 부모다운 부모, 청소년들의 모범이 되는 어른이 부재하기 때문이다. 좋은 부모 밑에 문제 자녀가 태어나지 않으며 건전한 사고방식과 생활태도를 가진 어른이 있는 곳에서는 비행 청소년들이 존재할 수 없다. 일방적으로 효를 가르치고 강조하기에는 우리 기성세대가 부족하다는 점을 인정하지 않을 수 없다.

둘째, 효는 가정 중심의 윤리이지 직장이나 사회의 윤리가 될 수 없고, 우리 민족의 특징적인 가치관이지만 세계화 시대에 걸맞은 윤리의식은 되지 못한다는 점이다. 오래전부터 직장에서는 근면과 협력을 강조하고 사회에서는 민주주의, 자유, 평등을 강조해 왔다. 3,000년 전에는 생활의 단위가 가정이었기 때문에 효와 같은 가정 윤리가 중요시될 수 있었지만, 시대가 바뀐 지금 효를 사회 윤리로 확대한다면 수용할 수 없는 윤리의식이 될 것이다.

초등학생 때는 생활의 뿌리가 대개 가정에 있다. 그러다가 중고등학생이 되면 생활의 근거가 반은 가정에, 다른 반은 사회에 있다. 이후 고등학교를 졸업하고 사회에 진출하거나 대학에 가면 자연히 생활의 뿌리는 사회가 된다. 그것이 청소년의 일반적인 성장 과정이며 인생의 자연스러운 발전상이다. 초등학생에게 지나치게 사회의식을 강조하는 것이 적절하지 못한 것만큼 대학생과 사회인에게 가정으로 되돌아가라고 요청하는 것도 옳지 못하다. 그렇게 되면 본인은 물론 사회 발전을 기대할 수 없다.

그와 관련해 미국을 비롯한 서구 사회가 가진 교육의 장점을 살펴볼 필요가 있다. 그들은 자녀나 학생들에게 비교적 이른 시기부터 가정의 울타리를 벗어나 친구들과 어울리며 사회인으로서의 출발을 준비할 수 있도록 한다. 예를 들어, 미국의 부모들은 자녀가 고등학교를 졸업하면 새가 둥지를 떠나듯이 부모에게서 독립하도록 가르친다. 경제적으로도 자립을 돕고 모든 점에서 부모의 간섭을 벗어나 스스로 삶을 꾸려 가도록 한다.

미국 고등학생, 특히 남학생들이 가장 듣기 싫어하는 말 중 하나는 '마마보이'라는 표현이다. 내 손자도 친구들을 집에 초대할 때는 엄마가 자리를 피해 주기를 바란다. '엄마 밑에서 자라는 남자아이'라는 인상을 주고 싶지 않기 때문이다.

또한 미국에서는 집에서 통학하는 대학생이 거의 없다. 대부분 기숙사 생활을 하며 집을 떠나는 것을 자연스럽게 받아들인다. 어머니들은 자녀를 대학 기숙사에 데려다주고 나면, 이른바 '오픈 하우스'를 마치고 돌아서며 아쉬움에 한숨을 쉬거나 눈물을 흘리기도 한다. 자녀가 집을 떠나는 서운한 순간이 현실로 다가오기 때문이다.

오래전 일이다. 큰딸 내외가 나를 하와이로 초청했다. 반갑게도 뉴헤이븐에서 대학에 다니던 외손자도 왔다. 네 식구가 며칠을 함께 보낸 뒤, 손자는 다시 뉴헤이븐으로 돌아가고, 나는 서울로, 딸 내외는 워싱턴 D.C.로 떠났다. 손자를 새벽에 떠나보낸 뒤 사위가 이렇게 말했다. "며칠만이라도 집에 데려와 같이 지내고 싶은데, 아이가 집에 오려고 하지 않으니 할 수 없이 할아버지께서 하와이에 오시니까 너도 하와이로 오라고 해서 겨우 만난 거예요." 결국 손자는 부모와 같이 본가에 가지 않고 학교로 돌아갔고, 부모는 아이가 없는 빈집으로 향하게 되었다.

미국 아이들은 여름방학이 되어도 집에서 지내지 않는 경우가 많다. 장단점이 있을 수 있지만, 대체로 철이 들면서 부모나 가족보다 친구와의 관계를 중시하고 가정보다 사회적 활동에 더 큰 비중을 두며 성장하는 경향이 있다.

    자녀가 초등학교 고학년이 되거나 중고등학생이 되었을 때, 교사와 부모가 가장 관심을 쏟아야 할 것은 자녀의 교우관계를 돕는 일이다. 이 시기에는 친구 등 또래와의 인간관계를 통해 배우는 것이, 부모나 가족과의 관계를 통해 배우는 것보다 훨씬 더 큰 비중을 차지하게 된다.

    지난 중고등학교 5~6년 동안 자신에게 가장 깊은 인상을 남기고 영향을 준 사람은 누구였는지 생각해 보라. 어린 시절에는 부모와 가족이 중심이었지만, 그 시기를 지나면서는 친구들, 그리고 소수의 스승들이 기억에 남는다. 실제로 중고등학교 시절에는 가족의 영향력이 크게 줄어든다. 부모의 영향은 이미 초등학교 시절에 거의 형성되기 때문이다.

    어떤 학부모는 아이가 중고등학생이 되면 부모와 멀어지는 것을 안타까워하며 걱정한다. 하지만 그것은 자연스러운 일이다. 자녀가 부모의 그늘 아래에서만 자라기에는 삶의 폭이 너무 넓어졌기 때문이다. 오히려 이 시기에는 형제 간의 관계가 부모보다 더 큰 영향을 미칠 수도 있다.

    부모에게 아이는 내 품에 안고 키워야 할 존재가 아니라, 결국 세상 밖으로 내보내야 할 존재다. 자녀를 언제까지나 부모의 날개 아래 두려는 생각은 바람직하지 않다.

    큰 나무 아래서는 작은 나무가 자라기 어렵다. 큰 나무가 햇볕을 가려 그늘을 만들기 때문이다. 오히려 작은 나무는 큰 나무와 멀찍이 심어야 더 크게 자랄 수 있다. 아이들도 마찬가지다. 자라면서 부모의 품을 떠나는 것은 동물의 새끼가 자라면 둥지를 떠나 홀로서기를 하듯 너무나도 자연스러운 일이다.

이때 부모와 교사에게 주어진 책임은 무엇인가. 그것은 바로 좋은 친구를 사귀도록 도와주고, 대인관계의 기본 원칙을 깨닫도록 이끌어 주는 것이다. 가까운 친구를 대할 때는 물론이고 어느 누구를 대하든 대인관계에 대한 교훈과 모범을 제시해 주어야 한다.

물론 공자의 어진 마음과 석가의 자비심을 가르쳐 주는 것도 중요하다. 나는 어렸을 때 교회에서 '사랑'에 관한 설교를 많이 들으며 자랐다. 하지만 지나치게 어른 중심의 의식 구조에 따른 내용이어서 그다지 기억에 남지 않았다. 더 큰 문제는 어떻게 해야 사랑을 실천할 수 있는지 방법이 결여되어 있다는 점이다. 우리 자녀들에게 필요한 것은 관념적이고 추상적인 교훈이 아니다. 친구와 이웃을 어떻게 대해야 하는지, 어떻게 사랑을 실천해야 하는지에 대한 실제적이고 구체적인 방법이다.

예수의 사랑에 대한 교훈도 "남에게 대접을 받고자 하는 대로 너도 남을 대접하라"는 구체적인 가르침으로 제시할 때 더 피부에 와닿고 실천적 의미로 다가온다. 간디는 "모든 거짓과 폭력은 사라지나 진실과 사랑은 영원히 남는다"는 신념을 몸소 행동으로 보여주었다. 그의 삶 자체가 비폭력의 정신을 전파하는 살아 있는 교훈이 되었던 것이다.

그런 점에서 본다면 모든 종교와 윤리의 기본 가르침은 "다른 사람을 사랑하고 배려하는 사람은 더 크게 보답 받는다"는 뜻으로 요약될 수 있을 것이다. 이 교훈을 자녀들에게 가르친다면, 우리는 개인적으로나 사회적으로 더 소중한 결실을 맺게 될 것이라 믿는다.

미국이나 서구 사회에서는 아이가 어릴 때부터 가정과 학교에서 꼭 강조하는 가르침이 있다. "너의 자유와 권리는 매우 소중하니 절대로 침해당해서는 안 된다. 그러나 다른 사람에게 피해나 고통을 주는 행동도 해서는 안 된다"는 공통된 가치관이다.

외국인 학교에서 열리는 학예회 같은 행사에 가보면, 벽에 기대거나 라디에이터 위에 앉아 있는 등 아이들이 자유롭게 행동하는 모습이 다소 버릇없어 보인다. 그러나 친구나 교사가 무대에 나와 노래를 하거나 발표를 할 때는 절대 방해하지 않는다. 그렇게 해서는 안 된다는 것을 어려서부터 배워 알고 있기 때문이다. 반면, 연세대의 일부 동아리 학생들은 수업이 진행되는 오전 시간에 꽹과리를 치며 캠퍼스를 행진한다. 단 20명 정도의 학생이 2만 명에게 피해를 주고 있다는 사실조차 인식하지 못한다. 사회적 규범을 배우지 못했기 때문이다.

우리 사회는 미성년자를 상대로 한 범죄자나 심지어 인신매매범에 대해서조차 관대하게 처벌하는 경향이 있다. 그러나 선진국에서는 약자를 해친 범죄에 대해서는 상상할 수 없을 정도의 엄격한 처벌을 내린다. 약자인 피해자의 고통을 심각하게 받아들이기 때문이다.

　이렇게 볼 때, "나의 자유와 권리는 매우 소중하지만, 다른 사람의 자유와 인격 역시 절대적 가치로 존중되어야 한다"는 교훈은 민주사회와 인권이 존중되는 미래사회를 위한 핵심 윤리이자 가치로 자리 잡아야 한다. 이러한 문제의식과 가치관이 교육 전반에 걸쳐 일반화되어야 할 것이다.

체벌 대신 사랑을
가르쳐야 하는 이유

수십 년 전에 있었던 일이다.

서울에서 대학을 졸업한 한 교사가 지방의 여자중학교로 부임했다. 그러나 수업 시간에 학생들이 너무 떠들고 말을 듣지 않자, 반장과 몇몇 대표 학생들을 불러 대책을 논의했다. 놀랍게도 학생들의 반응은 한결같았다. "떠드는 아이들은 회초리로 때려야 해요. 선생님처럼 말로만 해서는 아무 소용 없어요."

이에 교사는 다음 수업부터 말을 듣지 않거나 떠드는 학생은 회초리로 벌을 주되, 자신은 수업에 집중해야 하니 때리는 일은 반장이 대신하기로 약속했다. 그렇게 하면 교실이 조용해질 것이라 기대한 것이다.

수업이 시작되자 여전히 떠드는 아이들이 있었고, 반장은 그런 학생들에게 다가가 머리나 어깨를 회초리로 내리쳤다. 다음 시간에는 반장 대신, 자주 떠들고 벌을 받던 학생에게 회초리를 맡겼다. 그 학생 역시 떠들고 소란을 피우는 다른 아이들을 때리기 시작했다. 결국 학생들은 대부분 한 번쯤은 맞아도 보고 때려도 본 뒤에야 교실이 비교적 조용해졌다. 그 아이들은 체벌을 통해서만 교육이 된다고 믿고 있었던 것이다.

그로부터 또 수십 년이 흐른 뒤의 일이다. 독일에서 자라 우리나라 초등학교에 다니게 된 어느 초등학교 2학년 어린이가 하는 이야기를 듣게 되었다. 그 아이는 학교에서 돌아와 어머니에게 "난 오늘 한 대도 맞지 않았어"라고 했다. 그 말을 듣고 어머니가 물었다. "그럼 다른 날엔 매를 맞기도 했니?" 아이는 "하루에 몇 번씩 맞지만 정확히 몇 번인지는 몰라"라고 대답했다. 수업 시간에 본인은 떠들지 않더라도 옆 친구가 말을 걸면 자신도 함께 맞았고, 여러 학생이 함께 떠들면 단체로 벌을 받는다고 했다. 그래서 하루에 몇 대 맞는 것은 자연스러운 일이 되었다고 했다.

곁에서 이야기를 듣던 내가 "선생님이 남자야, 여자야?"라고 물었더니, 여자 선생님이라고 했다. "연세는 많으셔?"라고 묻자 "50세는 넘은 것 같아요"라고 했다. "어디를 때리니?"라는 물음에, 머리를 때리는데 부어오를 정도로 아프진 않다고 대답했다. 내가 "떠들지 않으면 공부도 잘되고 매도 안 맞을 텐데?"라고 했더니, 아이는 "그런데도 나도 모르게 자꾸 떠들게 돼요"라며 솔직하게 말했다.

이 아이는 독일에 있을 때는 매가 무엇인지 모르고 자랐다. 채찍이나 회초리를 들고 교실에 들어오는 교사도 본 적이 없었다. 또 공부시간에는 필요한 얘기만 했고 떠들어 본 일도 없었다. 처음에는 매를 맞는 일을 이상하다고 여겼는데 요사이는 그것을 오히려 당연한 듯이 생각하고 있는 것처럼 보였다.

더 놀라운 것은 그 어머니의 고백이었다. "50세가 넘은 나이 많은 선생님이 가르치는 것도 귀찮은데 거기다 아이들은 말을 듣지 않고 떠드니 화가 날 만도 할 것 같다"는 것이었다.

그렇게까지 교육자로서의 의무감이나 사명 의식이 없다면 퇴임해야 하는 것은 아닌지 모르겠다. 아이들에 대한 기대와 사랑이 없으면서 어떻게 즐거운 교사 생활을 할 수 있을까? 이다음에 어린이들에게 어떤 인상을 남기는 스승이 될지 생각해 본다면 과연 그럴 수 있을까?

선진국의 여성 교사들은 60세가 넘어도 어린 제자들과 친구처럼 즐겁게 놀아 주는데 우리 교사들은 50세가 되기 전에 이미 제자들을 귀찮게 여기고 거리를 두려 한다면 교육이 과연 제대로 이루어질 수 있을까? 7, 8세의 어린이들과 50, 60세의 교사가 소통하기 위해서는, 아이들이 어른처럼 늙어져야 할까, 아니면 교사들이 어린이의 마음만큼 젊어져야 할까?

그래서 어떤 이는 초등학교 교사는 50세까지, 중고등학교 교사는 60세까지, 교수는 70세까지 정년을 조정하는 것이 바람직하다고 이야기하기도 한다. 교수는 주로 제자들과 학문적 대화를 나누기 때문에 선진국에서는 보통 70세 이전에 교단을 떠나는 일이 드물다.

그러나 이러한 기준이 반드시 옳은 것은 아니다. 학문에 대한 연구 의욕과 열정을 잃은 교수라면 50대라도 교단을 떠나는 게 좋고, 교육의 가치를 깊이 깨달은 중고등학교 교사라면 70세까지 일해도 문제 될 게 없다. 어린이를 진심으로 사랑하고, 스스로 끊임없이 성장하려는 초등학교 교사라면 70세까지 교단에 남아 있어도 전혀 잘못이 아니다.

체벌 이야기로 돌아가 보자. 지금도 자녀와 학생들에 대한 체벌 문제가 논란이 되고 있다. 그렇다고 결정적인 해답이 주어진 것은 아니다. 체벌은 절대 안 된다고 주장하는 교육학자도 회초리를 들 수 있는 경우가 생기고, 체벌은 어느 정도 필수적이라고 믿는 부모나 교사도 체벌 없이 양육하고 가르칠 수 있다.

체벌의 문제는 형식 논리에 속하지 않는다. 경험 이론에 속한다고 보아야 할 것이다. 모든 경우의 체벌은 그 결과가 좋을 때도 있고 좋지 않을 때도 있는 것이다. 우리 가운데는 중고등학교 때 벌을 받았던 사실을 오랫동안 감사하게 여기는 이들이 있다. 그것은 내가 잘되기를 바라는 마음에서 나를 위해 선택한 채찍이었음을 알기 때문이다.

그러나 체벌은 최선의 교육 방법이 될 수 없다. 체벌을 한다는 사실 자체가 좋은 부모나 유능한 선생이라면 택하지 않는 방법이라는 뜻이다. 나는 예전에 서당식 교육을 받았다. 당시에는 공부를 안 했거나 못 했으면 종아리를 맞는 것이 보편적인 관행이었다. 숙제를 못 했으면 학교 가는 것이 종아리를 맞으러 가는 것이나 다름없었다. 선생님은 학생들에게 각자 회초리를 준비해서 등교하도록 지시하곤 했었다. 그런 분위기였기에 체벌에는 사사로운 감정이나 불순한 동기, 이해관계가 얽힐 수 없었다.

내가 젊은 시절 초등학교 교사로 있을 때도 모든 교사가 거의 기계적으로 벌을 주었고 어린이들도 매 맞는 것을 당연한 것으로 여겼다.

나는 교회 주일학교에 다녔고 거기서 아이들을 가르친 적도 있다. 교회 학교에서는 아이들을 상대로 책망도, 체벌도 하지 않았다. 그 덕분에 내가 담임했던 반 학생들은 매를 맞는 일이 비교적 드물었다. 학생들과 학부모들은 나를 '때리지 않는 선생'이라고 불렀다. 주일학교에서는 혼내지도 벌을 주지도 않는데 학교에서 가르칠 때는 혼내고 때려야 한다는 생각은 모순이라 여겨졌다. 학교 교육이 교회 주일학교 교육보다 뒤처지는 것은 있을 수 없지 않은가.

미국 필라델피아를 여행하며 조지 워싱턴, 벤저민 프랭클린, 토머스 제퍼슨 같은 미국 건국의 주요 인물들이 모두 교회 주일학교에서 자랐다는 사실을 알게 되었을 때 체벌을 모르는 민주주의 정신이 어디서 비롯되었는가를 알게 되었다. 워싱턴이나 프랭클린은 학교 교육을 받은 경험이 거의 없었다.

이렇게 본다면 체벌 없는 교육을 할 수 있고 그렇게 해야 한다는 점은 바람직한 교육의 방향임에 틀림없다. 아무리 '사랑의 매'라 해도 과거에 체벌을 선택하고 아이들에게 매를 들었던 일을 회상하면, 후회와 부끄러움이 따라오는 것은 피할 수 없다. 자녀와 제자들을 진심으로 잘 이끌어 주었다면, 굳이 벌을 줄 정도로 나쁜 행동을 하지는 않았을 것이다.

혹시라도 감정이나 기분에 휩쓸려 앞뒤 생각해 보지도 않고 체벌을 한 일이 있다면, 그것은 반드시 반성해야 한다. 특히 다른 자녀나 친구들이 보는 앞에서 체벌을 했다면, 대개 그 자체로 실수이며, 이는 우리 자신의 부덕함에서 비롯된 것이다.

    물론 지금도 '사랑의 매'가 필요하다고 주장하는 사람들도 있다. 만약 다양한 방법을 깊이 고민한 끝에 최후의 수단으로 체벌을 선택했다면, 그것은 어느 정도 용납될 수 있다. 그 과정에서 부모나 교사의 진심 어린 사랑이 전달될 수 있기 때문이다. 하지만 그러한 체벌조차도 평생에 한두 번 있을까 말까 한 일이며, 매번 같은 효과를 거둘 수 있는 것은 아니다.

    해방 후 서울의 한 기독교 학교에서 실제로 있었던 일이다. 교장 선생님은 자신의 교육적 신념이 무너지는 상황을 마주하고는 학생들 앞에서 "내가 너희를 벌줄 자격이 없으니, 내가 벌을 받겠다"며 자기 다리를 회초리로 세게 때렸다. 그는 제자들에게 벌을 주기 전에 먼저 자신의 마음을 다잡고, 진정으로 그들을 아끼는 마음을 표현하고자 했던 것이다. 바로 그런 '마음'이야말로 내가 말하고 싶은 핵심이다.

    교장의 제자였던 한 학생은 훗날 같은 기독교계 학교의 교장이 되었다. 그는 그때의 일을 기억하며 체벌은 결코 있을 수 없다는 신념을 갖게 되었다고 고백했다. 이처럼 진심 어린 마음을 지닌 교사라면, 체벌이 필요하다고 느껴지는 순간이 있더라도 그것을 교육적인 체벌로 이해할 수 있을 것이다.

    단, 체벌에는 반드시 몇 가지 전제 조건이 따르며, 그것이 제대로 지켜질 때만 교육적 의미를 가질 수 있다.

첫째, 제자와 자녀를 교육하는 여러 가지 방법 중 마지막 수단이 체벌이라는 점이다. 체벌이 먼저가 되어서는 안 된다.

둘째, 사랑의 아픔을 나누는 체벌이어야 한다는 점이다. 자식을 벌하는 부모의 마음과 제자에게 채찍을 드는 심중에는 똑같이 사랑의 아픔이 있어야 한다. 그런 경우에는 체벌이 바람직한 교육의 수단이 될 수 있다.

우리가 깊이 우려하는 것은 학교와 사회에서 일어나는 청소년들의 폭력 행위다. 그것은 모두 합심해서 근절해야 할 숙제다. 그런데 체벌과 폭력이 동질성을 가질 수 있기 때문에 윗사람들은 체벌을 가볍게 생각해서는 안 된다. 처음에는 교육적 성과를 위한 체벌이었다 해도, 그것이 습관화되면 자칫 폭력으로 이어질 수 있다.

안까깝게도 여전히 가정폭력에 시달리는 여성의 이야기가 심심치 않게 전해지고 있다. 우리 사회의 아름다운 정서 함양을 위해서라도 체벌과 폭력은 학교와 가정에서 사라져야 한다.

인생을 살다 보면 누구나 한 가지 진리를 발견하게 된다. '사랑은 지혜를 낳는다'는 진리다. 제자와 자녀들을 진정으로 사랑하는 교사와 부모는 체벌을 가하지 않고도 선도할 수 있는 방법을 찾을 수 있게 된다.

성공보다 행복을 배우는 교육,
성적 그 이상을 꿈꾸다

오래전의 일이다. 미국 버지니아 지역에 한 한국 가정이 살았다. 아버지는 의사였고 어머니는 내가 잘 아는 부인이었다. 그 집 아들은 공부를 아주 잘했다. 초등학교에서는 더 이상 배울 것이 없을 정도여서 워싱턴 D.C.에 있는 수재들이 다니는 학교로 옮겼고, 그곳 중고등학교도 우수한 성적으로 졸업했다. 이후 하버드, 예일, 프린스턴 등 명문 사립대학에 지원했다. 그런데 입학이 되지 않아, 결국 아버지가 세금을 내고 있는 버지니아 주립대학에 진학하게 되었다. 물론 이 대학도 좋은 학교지만, 기대했던 만큼 학력을 평가받지 못한 셈이었다.

같은 시기에, 미국 동북부 프로비던스에 살고 있던 제자의 집을 방문한 적이 있다. 제자는 서울대학교를 졸업한 내과 의사였다. 이 집 아들은 지망한 모든 대학에서 입학 허가를 받았고, 결국 하버드 대학교에 특차로 선발되는 영예를 안았다.

만약 우리가 하버드 대학교에, "어째서 공부를 더 잘한 버지니아의 학생은 떨어지고, 프로비던스의 학생은 붙었느냐?"고 물었다면, 학교 측은 이렇게 답했을 것이다.

"어린 나이에 공부를 하면 얼마나 했겠습니까. 학생에게 미래의 잠재력과 성장 가능성이 있으면 그것으로 충분하다고 봅니다. 우리는 미국의 미래 지도자를 양성하는 대학이기 때문에 성적뿐 아니라 운동, 예능, 리더십, 봉사 정신 등까지 종합적으로 평가합니다."

실제로 첫 번째 학생은 공부만 잘했지만, 두 번째 학생은 테니스 선수였고 학생회장을 지냈으며 음악과 봉사 활동 등 경험도 풍부했다. 이와 같은 평가는 흔히 있는 일이다.

내가 아는 또 다른 미국 학생은 고등학교 2학년 때 서울을 방문해 '왜 한국 학생들은 반미 감정을 갖는가'에 대해 조사하고, 그 결과를 영자 신문에 기고했다. 이 글을 대학 입학 자료로 제출해 그는 예일 대학교에 합격할 수 있었다.

또한 미국 사립대학은 등록금이 매우 비싸기 때문에 대학 측에서는 지원자의 가정형편, 즉 아버지의 직업과 수입도 고려한다. 4년간 학업을 안정적으로 지속할 수 있을지까지 함께 보는 것이다.

무엇 때문에 이런 문제를 생각해 보는가.

우리는 교육을 지식 습득으로 여긴다. 누가 더 많은 것을 알고 있는가가 평가 기준이 되고 있다. 그러나 고등교육 과정으로 올라갈수록 무엇을 더 많이 알고 있는가보다 문제를 어떻게 이해하고 어떤 사고를 하고 있는가가 더 중요한 평가 요소가 되어야 한다. 이와 더불어 원만한 인품과 성격, 지도자로서의 자질을 갖추고 있는가도 중요하다. 지식보다 중한 것은 인간됨이며 현재의 지적 능력보다 중요한 것은 앞으로 인생을 가치있게 살면서 사회에 기여하는 것이다.

앞서 말한 예일 대학교에 간 한국 학생은 테니스 선수인 동시에 첼로 연주 실력도 뛰어나 워싱턴 D.C. 청소년 오케스트라의 단원으로 활동하기도 했다. 이처럼 다양한 재능과 경험이 더해져 '인간적인 평가'를 받은 것이다. 바로 이런 평가 방식이 진정한 교육이라 할 수 있다.

이러한 인간 중심의 평가는 교육뿐 아니라 사회 전반에서도 중요하게 나타나고 있다. 그 한 예가 우리나라에서 가장 우수한 인재를 선발하는 사법고시 제도의 폐지에서 드러났다. 단지 고시 성적이 우수하다는 이유만으로, 인생 경험이나 사회적 관심, 판단력을 충분히 갖추지 못한 젊은이들이 사법의 책임을 맡아 법적 판단을 내리는 현실은 다시 생각해볼 문제다.

일본이나 우리나라처럼 성적 중심의 사법 제도를 가진 나라는 서구에서 독일이 유일하다. 그런데 과거 독일 철학자 라이프니츠는 사법고시에 우수한 성적으로 합격했지만, 나이가 너무 어리다는 이유로 합격이 취소되었다.

이러한 문제의식 속에서 의사와 마찬가지로 법관도 대학원 과정을 통해 보다 충분한 학문적 배경과 인간적 경험을 쌓도록 하자는 의견이 제기되어 2009년 3월 1일부터 법학전문대학원(로스쿨) 제도가 공식적으로 시행되었다. 시험 성적이 80% 이상이면 기본적으로 자격은 되지만, 이성적인 판단력과 함께 인간에 대한 이해, 사회적 식견도 80% 이상 되어야 진정한 법관의 자격을 갖추었다고 볼 수 있다는 논리가 반영된 것이다.

    왜 이런 문제를 제기하는가.
    그 이유는 첫째, 우리 교육에 대한 새로운 평가 기준이 필요하기 때문이다. 단순히 공부와 지식을 교육의 목표로 삼고, 그것으로 인간됨과 교육 수준의 평가를 일원화하는 방식은 바람직하지 않다.
    이런 점에서 보면, 현재 교육부가 시행하는 대학수학능력시험(수능)은 폐지해도 무방하다. 수능처럼 지식 위주의 교육은 인간적인 성장과 폭넓은 인성 교육에 오히려 방해가 될 뿐이며, 득보다 실이 더 많은 제도이기 때문이다. 수능은 획일적인 교육의 대표적인 예라 할 수 있다.
    또한 수능 시험을 보더라도, 그 시험 결과에 따라 "4년제 대학보다 기술을 배우는 전문대학이 더 적합하다"는 식의 진로 지도 자료로만 활용하는 것이 바람직하다. 수능 성적이 상위권이라면 대학 진학에 필요한 지적 자질을 갖춘 것으로 인정하고, 대학 입학 과정에서는 그 외의 다양한 요소들을 함께 고려해야 한다.
    수능 시험에서 모두 1등급을 받은 학생과 2-3등급을 받은 학생이 대학에서 학업을 수행하는 데 있어 반드시 차이를 보이는 것은 아니다. 특히 인문학이나 사회과학 분야에서는 수능 성적과 실제 역량이 반대인 경우도 많으며, 오히려 그렇게 되어야 한다.

초등학교 교사에서 대학교수에 이르기까지, 시험 성적만으로 학생을 평가하는 관습과 전통은 이제 바뀌어야 한다. 대학 입시 역시 각 대학의 개성을 살려 다양한 분야의 지도자를 키울 수 있도록 개선되어야 한다.

우리는 입시에서 '공정성'을 매우 중요하게 따진다. 그 공정성이란 성적, 곧 점수다. 심지어는 1~2점 차이도 아닌 0.1점의 차이까지 따지며, 면접시험조차 점수화하고, 봉사 활동 점수를 어떻게 계산할 것인가까지 세세하게 따진다. 공정성을 위해 어쩔 수 없는 조치라고 하지만, 결국 인간을 점수화하고 드러나지 않은 가능성까지 점수로 환산하려는 더 큰 과오를 초래하게 된다. 결국, 비교육적인 결과가 되고 만다. 예를 들어, 봉사활동을 점수로 환산한다는 것은 오히려 위선자를 만들어내는 반윤리적 사회 풍조를 조장하는 일이 될 수도 있다.

한강에 다리가 열 개 있다면, 상황에 따라 가장 편리한 다리를 선택해 건너면 된다. 그러나 수능시험이라는 단 하나의 다리만으로 모든 학생이 건너야 한다면, 그 혼잡을 어떻게 해결하겠는가. 모든 대학이 '한국의 미래를 이끌 인재'를 선발하기 위해 자신들만의 기준과 방법으로 학생을 뽑는다면, 그것이 가장 바람직한 방향이다. 그렇게 다양한 선발 방식 중에서 검증되고 효과적인 방법들이 정착되면, 그것이 곧 최선의 입시 제도가 될 수 있다.

이런 주장을 하면 사람들은 현실을 모르는 소리라며 무시하거나 오히려 그러한 시도가 더 큰 혼란을 불러올 것이라고 경계한다. 실제로 80% 이상의 교사와 학부모가 그렇게 생각할지도 모른다. 어떤 이들은 나에게 30여 년간 대학교수로 있으면서 무엇을 보았느냐고 되물을 수도 있다.

그럼에도 불구하고, 이처럼 이치에 맞지 않는 이야기를 하지 않을 수 없는 이유가 있다. 그것은 바로 지금 이 제도가 국가와 민족의 장래를 위협하고 수많은 청소년을 불행으로 내몰기 때문이다. 그런 잘못은 막아야 하지 않겠는가.

내가 대학에서 겪었던 사례를 소개한다.

내가 소속된 철학과에 지원하는 학생들의 입학 성적을 보면, 서울의 일류 고등학교 출신들이 늘 상위권을 차지한다. 입시 준비를 위해 최적의 훈련을 받았고, 학원과 재수를 통해 실력을 다졌기 때문이다. 반면 지방 고등학교 출신 학생들은 입시 훈련이 부족해 낮은 점수로 입학하는 경우가 많다.

그러나 학부를 마치고 대학원에 진학해 우수한 성적을 거두는 학생들은 대체로 지방 고등학교 출신이다. 서울 명문고 출신들은 입시 준비 과정에서 이미 모든 역량을 다 발휘해 소진한 반면, 지방 출신 학생들은 앞으로 더 크게 성장할 여지와 가능성을 남겨두고 있기 때문이다. 실제로 상업고등학교를 졸업한 한 제자가 철학과 교수로 성장한 경우도 있었다. 늦게 개성을 발휘하며 여유 있게 성장할 수 있었던 덕분이다.

만일 누군가 나에게 지금처럼 많은 학생이 모두 4년제 대학에 진학할 필요가 있느냐고 묻는다면, 4년제 대학생의 절반 정도는 굳이 대학에 가지 않아도 된다고 말하고 싶다. 오히려 일찍부터 기술 기반의 전문직을 갖고, 독서나 사회 교육을 통해 정신적·인간적 성장을 꾀한다면 본인은 물론, 사회적으로도 훨씬 도움이 될 것이다.

지금 우리 사회에서 가장 안타까운 것은 고등학교 졸업자들이 "나야 대학도 못 나왔는데…"라며 평생을 자포자기하고 살아가는 일이다. 그보다 더 잘못된 것은 "나는 대학까지 나왔는데…"라며 더 이상 어떤 성장도 시도하지 않고 단념해 버리는 경우다. 이들은 모두 지적으로나 인간적으로 성장을 멈춘 채 살아가는 셈이다.

중요한 것은 학교를 졸업한 이후 남은 긴 인생을 어떻게 행복과 성공으로 이끌어 갈 것인가에 있다. 학교 교육을 인생의 끝으로 여기고 더 이상의 성장을 멈추는 사람은 마치 준비운동만 하고 경기를 포기하는 것과 같다. 학교 교육은 인생이라는 긴 여정을 위한 준비 단계일 뿐이다.

이 모든 교육의 모순과 문제는 삶의 질적 내용보다 학교 교육을 더 높이 평가하고 학교에서는 참된 교육 없이 지식 전달에만 머물렀기 때문이다. 더 큰 잘못은 인간의 평가와 가치 기준을 공부 성적에만 묶어 놓은 폐단에서 비롯되었다.

초등학교 교육은 중학교 진학을 위한 준비 과정에 그친다. 중학교는 고등학교 진학을 위한 도구에 머물렀으며, 고등학교 교육은 입학할 때부터 졸업할 때까지 오직 대학 입시에만 집중된다. 최근에는 취업을 위해 대학에 다니며 나아가 대학원까지 진학하는 경우도 늘고 있다.

이렇게 되면 교육은 그 자체가 목적이 되지 못하고 수단이 될 뿐이다. 그런 교육의 가치관에 빠져 있는 사람들에게는 우리가 잘 아는 영화 제목이라도 얘기해 주고 싶다. "행복은 성적순이 아니잖아요"라고.

호기심에서 사랑까지,
아이와 청소년의 성장 여정

　호기심은 어린이들이 창의적으로 자랄 수 있는 필수 요소다. 새롭고 신기해 보이는 것에 대한 관심과 의문이 호기심으로 나타난다. 어른들의 경우에는 그것이 지적 욕망이 되기도 한다.

　아마 어린이들에게는 부모에게 물어보기 이전부터 알고 싶은 욕구가 있었을 것이다. 하지만 그것을 말로 표현하기 시작하면서부터 표면화되었다고 할 수 있다.

　엄마 등에 업혀 있는 어린아이가 "엄마, 달이 왜 우리를 따라오지?"라고 묻는다. 비가 오늘 날이면 아빠에게 "아빠, 비는 하늘 어디에 있다가 내려오지?"라고 묻는다. 추석에 성묘하러 가던 어린이가 "할아버지 무덤에 가는 거지? 할아버지는 왜 죽었어? 우리랑 같이 살면 더 좋을 텐데?"라고 묻는다. 참고로, 석가는 어렸을 때부터 생로병사에 대해 관심이 많았다고 한다.

　호기심이 생기면 아이들은 그것을 부모나 가까운 사람들에게 묻는다. 옛날 사람들은 그런 경우 그 물음을 정면으로 거부하기도 했다. "그런 질문은 쓸데없으니 생각지 않는 것이 좋다"라거나 "이다음에 네가 답을 찾아 보아라"는 식으로 대답을 회피했다. 나도 그런 경우를 여러 번 당했다. 너무 자주 물으니 부모님도 귀찮아졌던 모양이다.

　특히 손님들이 있는 앞에서 그런 질문을 하면 어른들의 대화를 방해한다는 이유로 "별걸 다 묻는다"고 핀잔을 줬다. 그렇게 말하는 부모나 어른들 자신도 어렸을 때는 호기심 어린 질문을 했었다는 사실을 잊은 것이다.

    중요한 것은 어린이에게 이런 호기심 어린 질문을 받았을 때는 긍정적으로 받아들여야 한다는 점이다. 그리고 성의 있게 대답해 주는 것이 좋다. 아이들은 어른들의 성실한 태도에서 배우는 바가 있고, 나아가 지혜롭게 대답해 주면 그 선한 영향력은 먼 후일에까지 미치게 된다.

    아이들이 제공하는 좋은 기회를 거부하는 것은 바람직하지 못하다. 대답하기 어렵거나 어색한 내용이라면 "이다음에 자세히 설명해 줄게"라고 잠시 보류해 두는 편이 대답을 거부하는 것보다 낫다. 또 세월이 지나면 아이들 스스로 그 해답을 얻을 수도 있기 때문에 그 질문이 반드시 불필요한 것만은 아니다.

    아이들이 초등학교 중반쯤 되면, 호기심을 내비치는 질문은 점차 줄어든다. 지적인 욕구가 호기심을 대신하기 때문이다. 그리고 이런 지식을 요하는 질문은 쉽게 대답해 줄 수 있기 때문에 호기심의 영역은 어느 정도 벗어난다고 할 수 있을 것 같다.

    그런데 점차 나이가 들면서 색다른 호기심이 생긴다. 그것은 바로 성, 즉 이성에 관한 호기심이다. 그 호기심은 예외없이 누구에게나 일어나며 사춘기에는 그 호기심이 정점에 이르게 된다.

    그리스 신화에는 이런 이야기가 전해진다. 옛날 올림포스산

위에는 신들이 살고 있고 산 아래에는 사람들이 살고 있었다. 어느 날 신들이 지상에 내려와 보니 인간들의 지혜가 머지않아 자신들을 능가할 것 같았다. 걱정에 빠진 신들이 모여 어떻게 하면 인간들을 계속 신들의 지배 아래 머물게 할 수 있을지 궁리했다.

그래서 찾아낸 방법이 땅 위에 사는 사람들을 둘로 갈라 한쪽은 남성으로 만들고 다른 한쪽은 여성으로 만드는 것이었다. 그 전까지 인간들은 남녀 구분 없이 완전한 존재로 살아가고 있었다. 그다음부터 사람들은 잃어버린 자신의 반쪽을 찾기 위해 시간과 정력을 쏟게 되었고 마침내는 신들과 견줄 수 있는 지혜와 능력을 잃게 되었다는 얘기다.

남녀 간 성의 구별과 그로 인한 애모의 감정은 그렇게 강렬한 것이다. 남성은 여성이 있기에 인간다운 삶을 누리며 여성은 남성을 전제로 생존의 의미를 깨닫게 된다. 따라서 인간은 자기를 인식하기 시작하는 순간부터 죽는 날까지 성적인 애모의 감정을 갖게 되어 있다. 죽음보다 사랑을 택한 사례는 얼마든지 있다. 남성만의 세계도 상상할 수 없으나 여성만의 세상도 예측할 수 없을 정도다.

이렇게 간절한 애모의 감정에서 일어나는 자녀들의 호기심을 억제하거나 아예 무시한 채 교육한다는 것은 이치에 맞지 않을 뿐 아니라 큰 과오를 범하는 것이다. 옛날부터 동양의 선조들은 '남녀칠세부동석'이라며 결혼하기 전까지는 남녀의 접촉을 막는 것이 지상 과제라고 생각해 왔다. 지금도 중동 지역에 가면 그와 비슷한 이성 간의 윤리를 강조한다.

그렇다고 해서 문제가 해결되는 것은 아니다. 그것은 부정적인 사고 예방책이지 건설적인 방법은 되지 못한다. 어떤 종교에서는 성을 지나치게 죄악시했는가 하면 또 어떤 종교에서는 성을 지나치게 미화하는 경우도 있었다. 둘 다 적절한 방법도, 바람직한 방향도 되지 못했다.

성은 인격적인 사랑으로 승화시켜 서서히 긍정적인 방향으로 이끌어 가는 것이 바람직하다는 것이 오늘날 일반적인 견해다. 남녀 관계는 자연스러우면서도 바람직한 선택의 결과로 평가되어야 한다는 점도 정론으로 받아들여지고 있다.

이성 간의 관계에서 생기는 호기심과 혼란을 해결하기 위해 두 가지 교육적 과제를 제안해 보려고 한다. 하나는 성교육을 어떻게 효과적으로 실시할 것인가이고, 다른 하나는 남녀공학을 어떻게 운영하고 이끌어 갈 것인지에 대한 것이다.

성교육은 전문가에게 맡기고 그들의 지도를 따르는 것이 좋다는 견해가 많다. 그러나 자녀의 성교육은 무엇보다 부모의 역할이 우선이다. 딸의 성교육은 어머니가, 아들의 성교육은 아버지가 일차적으로 책임져야 한다. 부모와 자녀 간의 솔직한 대화와 지도가 반드시 필요하다.

몇 해 전, 여고생들이 단체로 캠프를 간 일이 있었다. 그중 한 여학생이 친구에게 "저 위쪽에 남학생들이 있는데 여기서 수영을 하면 임신하는 것 아니냐?"고 물었다는 일화가 있다. 극단적인 사례이긴 하지만, 이처럼 성에 대해 무지한 것은 부모와 교사의 책임일 수 있다.

최근에는 우리나라에서도 어머니들이 딸에게 월경과 임신에 대해 자세히 설명해 주는 사례가 늘고 있다. 무슨 일이 있어도 임신은 큰 책임을 동반하기 때문에 조심해야 한다는 것을 알려 주는 것이다. 의사들이 에이즈에 관해 환자들에게 얘기해 주기 이전에 아들에게 에이즈에 관한 실상과 예비 지식을 전해 주는 것이 아버지의 책임일 수도 있다.

미국의 개원 의사들에 따르면, 상당히 개방적으로 성교육이 이루어지고 있음에도 불구하고 어린 미혼모의 수는 계속 증가하고 있다고 한다. 이는 학교에서 이루어진 성교육이 실제 생활에서는 충분한 효과를 거두지 못하고 있다는 증거이기도 하다.

어쨌든 성교육을 통해 성에 대한 무지에서 비롯되는 불필요한 호기심을 해소해 주려는 노력이 필요하다. 너무 급진적인 교육, 즉 청소년들이 경험하고 있는 단계보다 앞선 교육도 좋지 않지만, 너무 뒤늦은 교육은 시기를 놓칠 위험이 있다. 따라서 시기적절하고 균형 잡힌 성교육은 필수적이다.

또한 성교육은 생리적인 지식에만 머물러서는 안 되며, 사랑과 욕망이라는 정서적 측면까지도 다루어야 한다. 성은 단순한 생물학적 현상이 아니라 감정과 깊이 연관되어 있는 만큼, 정서적인 관리와 이해가 병행되어야 한다. 이러한 성적 정체성과 관계에 대한 교육을 건강하게 이끌기 위해, 남녀공학의 운영 방향도 함께 고민해야 할 과제로 제기된다.

초등학교부터 대학까지의 학교 교육이 남녀공학으로 운영되는 것이 바람직하다고 생각한다. 지금은 학생들 자신이 남녀공학을 선호하기 때문에 별 문제가 되지 않지만, 처음 공학 제도를 도입할 때는 어려움이 많았다. 특히 딸들은 보호받아야 한다고 생각하는 학부모들이 남녀공학을 꺼리긴 했지만, 대학에서는 공학으로 운영하는 것이 바람직한 방향이라고 모두 인정하고 있다.

나는 여자대학을 나온 학생과 남녀공학을 다닌 학생들을 비교해 본 적이 있다. 실제로 공학의 경험이 있는 여성들이 남성관이나 사회의식 면에서 더 폭넓고 풍부하다는 것은 부인하기 어렵다. 물론 여자대학교에 다니면서도 남자 친구를 사귀는 경우라면 이야기가 다르다. 그러나 중학교 시절부터 여성들끼리만 어울려 지내다가 대학까지 진학한 경우, 남성을 친구로 자연스럽게 사귀는 데 어려움을 겪거나 남성에 대한 분별력과 비판적 시각 없이 결혼을 결정하는 경우도 적지 않다. 남녀 관계는 충분한 과정과 올바른 선택이 중요하다.

문제는 중고등학교 시기다. 중학교에서부터 남녀를 분리하면 이성에 대한 호기심이나 환상이 커지기 쉽다. 다행히 1990년대 후반 이후 정부의 양성평등 교육 확대 정책에 따라 현재 우리나라 남녀공학 비율은 점차 증가하여 중학교는 79.7%(2023년 기준), 고등학교는 65.8%(2024년 기준)에 이른다.

사실 사춘기의 학생들이 남몰래 애정 어린 쪽지나 편지를 교환하는 것이 도움이 되는지, 아니면 대학생이 될 때까지 금지하는 것이 좋은지는 누구도 판단하기 어렵다. 딸을 둔 내 친구 교수들의 경우, 딸이 대학에 다니면서 남자 친구에게서 전화가 오면 "공부는 안 하고 연애만 하느냐"고 나무라다가도 몇 년 지나 졸업을 앞둘 무렵이 되면 오히려 "너는 아직 남자 친구도 없느냐?"라고 걱정하는 모습을 보였다. 교육자인 아버지조차 현실에서는 갈팡질팡하는 것이다.

이런 점들을 종합해 볼 때, 초등학교에서 중학교 과정까지는 남녀공학 체제를 이어 가는 것이 좋을 것 같다. 이 시기에는 서로 친구로서의 우정을 쌓는 것으로 충분하다. 고등학교까지 공학을 확대하는 것이 시기상조라고 본다면, 학급은 남녀로 분리하되 학교는 함께 다니는 방식의 공학도 대안이 될 수 있다. 실제로 사회나 가정에는 남성만의 집단도, 여성만의 집단도 바람직하지 않다. 그런 의미에서 학급만 구분한 남녀공학 형태는 허용할 수 있다고 본다.

이미 남자 고등학교, 여자 고등학교 체제가 운영되고 있는 경우, 정기적으로 남녀 학생들이 교류할 수 있는 기회를 마련해 주지 못하는 아쉬움이 있다. 예를 들어, 남학교에서 여학생을 초대하거나 여학교에서 남학생을 초청해 서로 자연스럽게 대화하고 우정을 나눌 수 있는 자리를 만들어 주는 것이 장기적으로 도움이 될 것이다.

나는 한때 군 정신교육을 지도하면서, 이성 문제로 어려움을 겪다가 사고를 일으킨 군인들 대부분이 입대 전까지 여성을 만나본 경험이 거의 없었던 이들이라는 사실을 알게 되었다. 모든 남녀 관계는 우정에서 시작해 애정으로 이어지는 과정이 필요하다. 이러한 우정의 단계를 겪지 않은 채 여성을 접하게 되면, 곧바로 사랑을 고백하거나 결혼을 전제로 삼는 등, 성적 욕망을 애정으로 착각하는 경우가 많다.

부모나 교사들이 가장 주의 깊게 관심을 기울여야 할 시기는 고등학교에서 대학 1학년 사이의 약 4~5년이다. 이 시기를 지나면 대부분의 학생들은 부모의 말에 귀 기울이지 않거나 스스로 알아서 해결하는 경우가 많다.

제4장.

지식을 넘어 삶의 지혜를 가르치는 교육

'좋은 친구'가 최고의 '스펙'이다

　옛날부터 "어진 아내를 가진 사람은 행복하며 좋은 친구를 가진 사람은 성공한다"는 말이 있다. 이는 남성 중심의 사고에서 나온 말이긴 하지만, 이 말에는 애정에서 행복을 찾고, 우정에서 보람을 찾으며 사는 것이 인생이라는 뜻이 담겨 있다. 가정은 행복의 보금자리가 되어야 하고 사회는 성공의 장(場)이 되어야 하는 것이 우리 모두가 바라는 바다.

　그래서 지혜로운 부모나 성의 있는 교사라면 청소년들의 우정과 애정에 관해 좋은 지침을 주어야 한다. 좋은 친구와 선한 사귐을 가지며, 이성과 아름다운 사랑을 이루도록 이끌어 주어야 한다. 그것이 글을 배우고 지식을 넓히는 것보다 더 중요한 교육이다. 인성 교육이란 인격적 사귐에서 이루어지는 것이다.

　아이들은 자라면서 부모의 슬하를 떠나 친구를 사귀고, 우정에서 즐거움과 기쁨을 느끼게 마련이다. 누구나 초등학교 5, 6학년 시절의 친구들을 오래도록 기억하며 살아간다. 그 시절에는 친구네 집에 놀러 갔다가도 아쉽게 돌아와야 하지만, 내일은 아침 일찍 친구를 찾아가고 싶은 마음을 품고 잠들곤 한다. 때로는 싸움도 하고, 내가 좋아하는 친구가 다른 아이와 더 가까워질 것 같아 마음 졸이기도 한다. 이 모든 것이 친구에게 깊은 애정과 관심을 가지고 있다는 증거다.

　이렇게 친구와 정을 주고받는 동안에 즐거움도 느끼고, 서로가 원하는 것이 무엇인지도 알아 가면서 자란다. 정(情)의 공감대가 이루어져 서로의 성장을 돕게 되는 것이다. 그래서 잠시 만났다가 헤어진 친구보다는 오랫동안 함께 지낸 친구가 더 깊은 인상을 남기게 되어 있다.

나처럼 나이가 들었어도 같은 고향에서 놀던 옛날 소꿉친구들을 만나면 그 시절의 얘기를 나누며 잊고 있던 즐거운 추억을 떠올리게 된다. 60년 전의 친구가 어제 함께 지냈던 것처럼 가까운 정을 느끼게 해준다.

청소년 시기의 자녀를 둔 부모는 아이들이 친구와의 우정을 아름답게 키워 갈 수 있도록 도와주는 것이 중요하다. 서로를 돕고 배려하는 관계를 형성하도록 이끌어 주며, 친구를 비교해 우월감이나 열등감을 느끼지 않도록 배려해야 한다. 또 다른 친구를 헐뜯거나 미워하지 않도록 지도하고, 친구의 장점을 칭찬해 주며 실수를 했을 때는 함께 반성하고 반복하지 않도록 깨우쳐 주는 것이 바람직하다. 무엇보다 착하고 따뜻한 감정을 기를 수 있도록 유도하는 일이 가장 중요하다.

주의할 점도 있다. 친구가 너무 많아 산만해지는 것도 문제지만, 한두 명의 친구에게만 지나치게 집착하는 것도 바람직하지 않다. 친구들과 보내는 시간이 너무 긴 것도 부담스러워지나 짧은 시간만을 강요하지 않는 것이 좋다. 예를 들어 아이의 친구에게 "지금은 공부 시간이니 찾아오지 말라"든지 우리 아이에게

"그 친구는 나쁜 아이니까 사귀지 말라"는 식의 부정적인 지시는 삼가는 것이 좋다. 대신 "30분쯤 놀고 와서 공부하자"거나 "한 시간 넘게 놀면 서로 피곤해질 수 있으니 내일 다시 만나면 어떨까?"처럼 자연스럽게 자제하는 습관을 길러 주는 것이 좋다.

또한 "그 친구는 장점도 많지만, 이런 점은 닮지 않는 것이 좋겠다" 또는 "어제 집에 왔던 친구는 성격도 좋고 서로에게 도움이 될 것 같더라"는 식의 따뜻한 조언도 도움이 된다.

우정을 통한 교육적 효과를 높이기 위해서는 친구의 단점보다 장점을 발견해 칭찬해 주고, 친구가 어려움에 처했을 때 함께 돕는 지혜를 가르치는 것이 바람직하다.

어느 날, 자녀들과 함께 모인 자리에서 나의 실수담을 이야기한 적이 있었다.

나의 중학교 동창의 딸이 내가 재직 중인 대학의 치과대학에 응시하여 합격했다. 그 딸아이는 소아마비 장애인이었기 때문에 아버지의 각별한 사랑과 보호를 받으며 자랐다. 그런데 사업에 실패하고 고생하던 친구는 딸의 입학 등록금을 마련하지 못했다. 결국 등록 마감 시간을 앞두고 나를 찾아와 딱한 사정을 하소연했다. 아이가 남들처럼 건강하기만 하다면 입학을 단념시키겠지만, 아이의 처지를 생각하면 그럴 수는 없다고 했다.

나는 할 수 없이 언제까지 갚겠다는 약속을 받고 월급을 가불하여 친구 딸의 등록을 도와주었다. 그러나 그 친구의 경제사

정이 끝내 나아지지 않아 결국은 내가 변상하는 결과가 되었다.

그런 사연을 들은 아내와 아이들은 모두 "왜 그런 실수를 했느냐?"고 나무랐다. 그래서 나는 "이다음에 너희들이 그런 경우를 맞게 된다면 어떻게 할 거지?"라고 물었다. 아이들은 쉽게 대답을 하지 못했다. 한참 있다가 한 아이가 "그것참, 곤란한 일인데요. 경제적 여유가 있으면 도와주지 않을 수도 없고, 그렇다고 대신 빚을 갚는 것도 좋지 않고…"라고 말했다.

내가 듣고 싶은 대답이 바로 그것이었다. 세상은 수학 문제처럼 정해진 답이 있는 것이 아니다. 우정의 문제도 그렇다. 친구가 어려운 상황에 처하게 됐을 때 어떻게 도움을 줄 수 있는가를 미리 생각해 보는 것도 필요하다.

아이들이 자라 중학생이 되면 우정의 선택은 서서히 스스로 알아서 하게 된다. 가까이 있으면서 오래 같이 지냈기 때문에 친구가 되기보다는 생각이 비슷하고 관심이 같기 때문에 가까워지고 그 정신적인 공감대로 인해 우정이 돈독해진다.

이때 부모는 아이가 저속한 데 관심을 가졌거나 정신적으로 빈곤한 친구들과의 사귐은 삼가도록 조심스레 도와주는 것이 좋다. 친구를 잘못 만나 불행을 경험하는 것도 이 기간에 생길 수 있는 문제다.

가장 주의해야 할 것은 용돈을 지나치게 많이 갖고 있는 아이들끼리 친구가 되는 것이다. 아이가 필요 이상의 돈을 지니는 것은 바람직하지 못한 길로 빠지는 결과를 낳기 쉽다. 자주 오락실을 간다든지 호기심에 끌려 유흥가를 드나드는 일은 불행한 결과를 초래할 수 있다.

또래 친구들끼리 어울리면 아무런 비판 없이 술이나 담배에 쉽게 손을 대기도 하고, 호기심에 환각제를 시작했다가 중독이 되기도 한다. 이런 일들은 대개 기본적인 도덕의식과 정신적 소양이 부족한 친구들끼리 모였을 때 벌어지는 불행한 결과다.

특히 경계해야 하는 것은 우정이나 애정을 올바르게 이해하지 못한 채 너무 이른 시기에 이성 간의 성관계에 빠지는 경우다. 비록 그 수는 많지 않지만, 일부 학생들은 어릴 때부터 습관적으로 성행위에 빠져든 경우도 있다. 이들 대부분은 정신적 관심이나 책임감을 키울 기회를 갖지 못한 친구들과의 모임에서 그러한 행동을 시작하는 경우가 많다. 만약 이들이 끝내 건전한 정신적 관심에서 소외된 채 성장한다면, 결국 불행한 인생 길로 접어들 가능성이 크다.

한편, 서구의 가정에서는 자녀가 초등학교부터 고등학교를 마칠 때까지 적은 금액의 용돈을 주는 경우가 많다. 그 이상의 필요는 스스로 일해서 벌어 충당하게 한다. 이는 돈보다 '일의 소중함'을 일깨워 주기 위한 교육적 의도이며, 필요 이상으로 많은 돈을 가지고 있으면 오히려 그 돈이 탈선의 계기가 될 수 있기 때문이다. 통장에 저축된 돈은 괜찮다. 적금이라는 목적이 있기 때문이다. 그러나 호주머니에 있는 현금은 사용하고 싶은 충동을 일으켜 낭비나 탈선으로 이어질 수 있다. 가난한 부모보다 오히려 경제적으로 여유 있는 부모일수록 자녀를 더욱 엄격하게 지도하는 것이 필요하다.

나는 중학교 2학년 때부터 문학, 종교, 민족의식 등을 갖춘 친구들을 사귀었기 때문에 지나치게 실속 없는 겉멋 부림으로 살았던 것 같다. 그래도 지금 생각해 보면 그중의 몇몇은 작가나 시인, 목사가 되었고, 모두 일제강점기 때부터 꾸준히 민족주의 정신을 지니고 살았다. 행복했는지는 잘 모르겠지만 보람 있는 우정이었다고 생각한다.

우리 중에 여럿이 철은 없었지만 민족의식을 지키기 위해 밤새워 토론한 기억도 있다. 윤동주 같은 친구는 그 시절부터 신앙과 시를 꿈꾸며 지냈고, 테너로 알려져 있는 이인범, 훌륭한 작가인 황순원 선배들이 모두 변함없는 애국심을 지녀 온 것을 보아도 짐작할 수 있다.

가능하다면 자녀와 제자들이 정신적인 과제에 관심을 갖는 친구들과 우정을 쌓으며 건전한 삶의 길로 나아갈 수 있도록 이끌어 주는 것이 바람직하다. 사회의 정신적 지도자가 되는 이들은 대개 중고등학교 시절부터 문제의식, 애국심, 신앙심 등을 품고 자란 사람들이다. 씨앗이 뿌려져야 곡식이 자라고 열매를 맺듯이, 어린 시절부터 그런 마음가짐이 길러져야 한다.

고등학교를 졸업할 무렵이면 대부분 20세를 맞이하는데, 그때까지 문제의식과 자아의식을 지니지 못했다면 정신적 미래를 기대하기는 어렵다. 그런 미래를 위해서 자녀와 제자들이 뜻있는 친구들과 사귈 수 있도록 도와주는 것이 중요하다.

반대로, 정신적 내용이 빈약하고 문제의식이 전혀 없는 친구들과의 사귐은 서로에게 도움이 되지 않는다. 물론 공부를 잘하고 교양은 있으나 정신적 과제나 문제의식이 없는 친구들과의 우정을 나무랄 필요는 없다. 실제로 중고등학생의 약 70%는 그런 친구관계 속에서 지낸다. 하지만 먼 미래를 위해서라면, 정신적 과제와 문제의식을 갖춘 친구들과 사귀는 것이 훨씬 바람직하다.

의식 있는 교사라면 의미 있는 동아리 활동을 통해 이런 방향으로 학생들을 이끌 수 있을 것이다. 그런 활동을 경험해본 학생들은 그것이 일반적인 학교 수업보다 훨씬 소중한 경험이었다고 말한다. 그 속에서 미래를 이끌 뜻있는 인물들이 배출될 수도 있기 때문이다.

어린 시절의 우정은 가까이 오래 지낼수록 더욱 풍부해지지만, 중고등학교 시절의 우정은 정신적인 유대관계를 맺은 친구들과 평생 지속되는 경우가 많다. 이는 민족운동을 함께한 이들 사이에서도 볼 수 있으며, 신앙적 동지가 되는 것도 이 시기에 시작된 우정에서 비롯된다.

나 역시 지금은 같이 있지 못하지만, 중고등학교 시절 뜻을 함께했던 평생의 친구들을 잊지 못한다. 우리는 서로를 존경하고 아꼈다. 그 친구들이 한 일이 사회와 이웃을 위한 봉사였음을 믿는다. 그래서 그들은 사회적 존경을 받고 업적을 남겼으며, 나 역시 그런 친구들을 갖게 된 것을 평생 감사하게 생각한다.

만일 나 같은 뜻있는 우정을 체험한 사람들이 있다면 동아리 활동은 대학 때보다 고등학교 시절에 잘 이끌어 주어야 할 것이다. 그 시기에 품게 된 꿈과 이상이 대학 때 성숙되고 훗날 사회적 결실로 이어지기 때문이다.

결국 사회는 이처럼 의미 있는 우정의 결실로 이루어진다고 볼 수 있다. 그런 의미에서 자녀나 제자들이 어떤 친구들과 우정을 맺는지를 잘 살펴보고, 바람직한 방향으로 이끌어 주는 일이 얼마나 중요한지 다시금 깨닫게 된다.

사랑과 책임 사이,
청소년이 알아야 할 것들

한 인간이 일생을 살아가는 동안 가장 많은 관심을 쏟는 것은 이성과의 애정 문제다. 어떤 사랑을 하는가에 따라 인생의 의미가 달라지며 행복의 내용도 바뀐다. 이는 학교 교육의 과제이기도 하지만, 무엇보다 가정에서부터 올바른 길을 찾아야 한다. 가정은 사랑의 보금자리이기 때문이다.

이때 무엇보다 중요한 것은 건전한 애정 윤리를 보고 배우도록 해주는 것이다. 여러 형태로 나타나는 부모의 불행한 모습과 고통스러운 가정생활을 보면서 자란 자녀들이 '나는 이다음에 결혼을 하지 않겠다'는 생각을 갖게 하는 일이 없어야 한다. 물론 모든 일이 뜻대로 되는 것은 아니다. 그러나 자녀들에게 불행의 원인을 만들어 주어서는 안 된다. 사랑이 넘치는 가정은 행복하다는 기대와 그것이 자연스러운 현상이라는 생각을 갖도록 이끌어 주는 것이 부모의 의무다.

사실 청소년들은 가정에서 부모의 생활태도와 행동을 보고 그대로 따라하기 때문에 그 점에 있어서는 부모가 각별히 조심스럽게 행동하며 모범을 보여줄 수 있어야 한다. 행복하게 사는 부모 밑에서 자란 청소년들은 크게 노력하지 않아도 행복한 삶을 꾸려 갈 수 있으나 불행한 부모 밑에서 성장한 청소년들은 불행한 위치에서 출발할 수밖에 없다.

일류 의과대학을 나와 의사가 된 남편이 결혼한 지 얼마 안 되어 아내를 구타했다는 사실을 접하고 놀란 적이 있다. 원인이 무엇인가 살펴보니 그 의사의 아버지가 자녀들이 보는 앞에서 아내를 구타하는 습관이 있었다는 것이다. 한 번 손찌검을 하기 시작하면 그것이 쉽게 습관이 되고 마침내는 가정을 파국으로 이끄는 원인이 되기도 한다.

아내가 가정을 불행하게 만드는 경우도 있다. 선량한 가정에서 자란 한 교수가 교육자의 집안에서 자란 여성과 결혼했다. 그런데 언젠가부터 아내가 남편에게 폭언으로 대들며 교양 있는 여성으로서는 할 수 없는 행동을 했다. 알고 보니 그녀의 어머니가 습관적으로 히스테릭하게 아버지에게 바가지를 긁고 괴롭히는 모습을 자주 보였고, 그것을 보고 자란 딸은 비록 대학 교육을 받고 지식과 교양을 갖추었음에도 어머니와 똑같은 행동을 했던 것이다. 결국 그녀의 남편은 정신과 의사의 상담을 받을 정도로 고통스러운 상황을 겪게 되었다.

이런 상황에서 자란 아이들이 훗날 행복하고 즐거운 애정 관계를 유지하며 건설적인 가정을 꾸려 갈 수 있겠는가. 이 모든 것은 노력만 하면 얼마든지 좋은 방향으로 개선될 수 있다. 부모들은 애정이 넘치고 화목한 가정의 모습을 모범으로 보여줄 의무가 있다.

애정 문제에 대한 교육적 관심이 자녀의 일생을 좌우하기 때문에, 그리고 애정 문제에 관한 교육적 이해를 돕고자 다음과 같은 몇 가지 문제를 살펴보려고 한다.

청소년 시절에는 너무 이른 시기에 깊은 애정 관계에 빠지는 것도 바람직하지 않지만, 반대로 필요 이상으로 시기를 늦추거나 애정 관계와 거리를 두는 것 또한 좋은 일은 아니다. 중요한 것은 이러한 필연적인 사랑의 감정과 애정 관계를 어떻게 적절한 시기에 선하고 아름다운 방향으로 이끌어 갈 수 있을지에 대한 고민이다. 갈등과 모순을 최소화하면서 가장 이상적인 방향과 방법을 찾는 것이 우리 모두에게 주어진 책임이다.

누구에게나 마찬가지로 청소년들의 애정도 결국 사랑의 문제이기 때문에 복합성을 안고 있다. 사랑의 문제에는 신체적인 욕구, 정서적인 갈망과 갈등, 그리고 나중에야 깨닫게 되는 인간적이고 인격적인 사랑이 복합적으로 포함된다. 이 세 가지는 언제나 공존하나 청소년 시기에는 신체적인 욕구와 정서적인 갈망이 중심을 이룬다. 그 둘의 갈등 기간을 우리는 사춘기라고 부른다. 사춘기를 어떻게 지혜롭게 극복하느냐가 청소년 본인들은 물론 지도의 책임이 있는 부모와 교사의 중요한 과제다.

모든 것이 생각과 원칙대로 이루어지는 것은 아니지만, 한 가지 가능성은 모색해 볼 필요가 있다. 그것은 애정의 절차와 순서에 관한 것이다. 남녀공학을 다녔거나 종교 단체 활동을 통해 자연스럽게 이성 교류의 경험을 쌓은 청소년들은 비교적 문제가 적은 편이다. 하지만 정상적이고 개방적인 이성 교제를 경험해

보지 못한 청소년들에게는 우선 우정의 단계가 필수적임을 일깨워 주어야 한다. 동성 친구를 사귀듯이 남녀 간에도 우정의 기간은 필요하다. 친구가 되어 사귀어 보다가 정이 들고 특별한 감정이 싹트면 자연스럽게 사랑으로 발전하게 된다.

그런데 처음부터 이성 관계는 곧 애정 관계이며 그것은 결혼을 전제로 한 것이라는 성급한 사고는 불행한 결과를 초래할 수 있다. 흔히 첫눈에 반했다고 얘기한다. 어떤 심리학자의 보고에 따르면 첫눈에 반하는 데 빠르면 8초가 걸린다는 얘기도 있다. 그러나 그것은 성숙한 남녀 관계에서 이루어지는 것이 일반적이다. 자신이 이상적으로 그려온 이성과 실제로 마주하게 되었을 때 짧은 시간에 호감을 느끼면 그럴 수 있다.

하지만 청소년기에는 그러한 감정이 진정한 사랑인지, 혹은 일시적인 감정인지 분별할 수 있는 지혜를 키우는 것이 더 중요하다. 따라서 좀 더 사귀어 보고 친구로서의 우정 기간을 가지라고 권하는 것이 좋다. 서로 상대방의 장점과 단점을 파악하고 각자가 성장·발전할 수 있는 우정 관계를 일정 기간 쌓을 수 있도록 도와주어야 한다. 여러 명의 이성 친구를 갖는다고 해도 그것이 우정 관계라면 문제 될 것이 없다. 동성 친구를 갖는 것과 마찬가지로 인정해 주면 된다.

여러 과정을 거친 후에 서로 좋아하거나 사랑하는 낌새가 느껴진다면 가능하면 부모에게 그 사실을 얘기하고 도움을 청하도록 해야 한다. 어머니는 딸에게 "엄마가 도와줄 테니, 네가 좋아하는 남자 친구가 생기면 언제든 나에게 이야기해 줘"라고 말해 두고, 아버지는 아들에게 "혹시 네가 좋아하거나 너를 좋아하는 여자 친구가 생기면 언제라도 집으로 데리고 와야 한다. 나와 엄마가 조언해 줄 테니…"라고 사전에 알려 주는 것이 좋다.

그럼으로써 서로 좋은 점은 인정해 주고 부족한 점은 개선하도록 바른 안목을 갖게 해주는 것이 바람직하다. 또 서로 사랑하는 관계가 되더라도 공부에는 지장이 없도록, 서둘지 말고 서로 도와주면서 지내는 기간을 갖도록 한다.

외국에서는 그 기간을 약속된 기간이라고 본다. 대내외적으로 자신들은 서로 좋아하는 사이라는 것을 숨기지 않는다. 그래서 일어날 수도 있는 삼각관계를 방지하기도 하고, 그 기간을 통해 사랑이 무엇인가를 서서히 체험하게 한다. 이때 가장 조심할 것은 제3자가 없는 단둘만의 은밀한 접촉은 삼가도록 하는 일이다. 완전히 금지할 수는 없으나 공개적으로 만나는 기회를 많이 만들어 주는 것이 좋다. 특히 딸들에게는 그 점을 조심스럽게 타이르는 것이 중요하며, 그것이 숙녀다운 예절임도 알려 주어야 한다.

가장 우려되는 상황은 남녀 중 어느 한쪽이 성경험이 있는 경우다. 이런 커플의 경우, 경험이 있는 쪽이 단둘의 밀회를 바라게 되며 성행위를 사랑으로 착각하고 상대방을 유도하는 일이 종종 발생한다. 그처럼 무책임한 행위로 인해 고통과 피해를 입는 여성들이 적지 않다.

　20대가 되면 어느 정도 스스로 판단할 수 있으나 판단력이 미성숙한 10대는 이런 상황에 취약하다. 따라서 10대가 가장 위험한 시기다. 딸을 둔 부모는 자녀가 올바른 성 가치관을 가질 수 있도록 지속적으로 주의를 기울이고 교육해야 한다. 실제로 많은 미혼모가 이러한 과정에서 생기며, 이는 후일 불행한 결혼생활로 이어지는 원인이 되기도 한다.

　이러한 문제는 인격적인 책임감 없이 이뤄지는 사랑과 성관계에서 비롯된다. 우리 주변에는 애정과 성관계를 동일시하거나, 사랑하면 성관계는 당연한 것이라고 착각하는 남녀가 적지 않다.

　그리고 행복한 결혼과 가정의 의미와 책임에 대해서도 서서히 깨닫도록 해주어야 한다. 한때 영국의 다이애나 왕세자빈의 결혼이 세계적 관심을 모은 적이 있었다. 그때 미국의 어머니들은 딸들에게 "왕세자빈으로 선발되기 위해서는 의사의 신체검사를 받아야 하며 순결성을 지니고 있어야 한다. 그만큼 여성의 순결은 소중한 것이다"라고 우회적으로 설명해 주었다는 얘기를 들었다.

　바람직한 것은 인격적으로 서로의 사랑에 대해 책임질 수 있을 때 성관계도 가능하다고 이해하는 것이다. 우리나라 통계를 보면 남녀가 한 방에 머물게 된 상황에서 술을 마시고 감정적인 분위기에 휩싸였을 때 혼전의 성관계가 벌어지는 것이 다수를 차지하는 것으로 나타났다.

그러나 사랑의 인격적 책임을 갖게 된 다음부터는 본인들의 판단과 선택에 따를 수밖에 없다. 스스로의 행동에 책임이 있다면 사회적인 규범에 따라 평가될 것이다.

한번은 모 여자대학 학생으로부터 다음과 같이 난처한 질문을 받은 적이 있다.

"우리 학생처장님께서는 모든 남성은 믿을 바가 못 되니 강도나 사기꾼을 대하듯 해야 한다. 또 결혼 전에는 절대로 가까이 해서는 안 되고 결혼 후에도 감시를 소홀히 해서는 안 된다고 자주 말씀하십니다. 그래서인지 남성들을 대하는 것이 두려워집니다. 남성들을 어떻게 대하는 것이 맞을까요?"

나는 웃으면서 "그 교수님 남편이 좋은 분이 못 되었던 모양이군요. 존경받는 남성들도 적지 않은데…"라고 대답해 주었다. 그 학생처장은 어린 여학생들에게 그렇게 경고해 두어야 여학생들이 입는 피해가 적을 것으로 믿었을 것이다. 또 그런 남성들이 적지 않은 것도 사실이다. 남녀가 서로 믿고 위해 주는 커플도 얼마든지 있다는 사실도 잊어서는 안 될 것이다.

우리가 청소년의 성적 가치관과 애정 문제에 깊은 관심을 갖는 이유는 누구나 겪게 되는 성장 과정에서 청소년들이 지혜로운 선택을 하고, 행복한 삶을 살아갈 수 있도록 도울 책임이 우리 어른들 모두에게 있기 때문이다. 이 문제를 단순히 덮어 두는 것도, 반대로 지나치게 관심을 쏟아 다른 중요한 부분이 소홀해지는 것도 경계해야 한다.

　　우리나라에는 이런 주제에 대해 청소년을 위한 공식적인 권고 사항이 마련되어 있지 않은 듯하다. 따라서 학부모와 교사들이 협력하여 사춘기 이후 청소년들이 사랑과 성에 대해 올바른 인식을 가질 수 있도록 지속적인 관심과 노력을 기울여야 한다. 안타깝게도 사회 변화와 청소년들의 성장 속도에 비하면, 교육 책임자들의 연구와 대응은 아직도 미흡한 수준에 머물러 있다.

위기의 청소년, 흡연과 폭력의 그림자

　최근 교사와 학부모들이 신경을 곤두세우고 있는 문제는 점점 증가하고 있는 청소년의 흡연율과 학원 폭력 사건이다. 통계로 발표되는 것보다 훨씬 더 빨리 흡연율이 늘어나고 있으며 폭력 사건도 여전히 확산되고 있는 실정이다. 우려스러운 것은 확산 범위가 점점 저학년으로 번지고 있다는 것과 여학생들 사이에도 심심치 않게 발생하고 있다는 것이다.

　나 같은 사람은 담배를 모르는 가정에서 자랐다. 그래서 지금 우리 가정에는 담배를 피우는 사람이 없다. 내가 아는 의사들도 젊을 때는 담배를 피우다가도 40세 무렵이 되자 모두 담배를 끊었다. 건강에 해악이 너무 크다는 사실을 잘 알고 있기 때문이다.

　미국 보스턴에 가면 금연을 촉구하기 위해 담배를 피우지 않는 사람의 폐와 담배를 피우는 사람의 폐를 비교해 전시해 둔 곳이 있다. 비흡연자의 폐는 깨끗한데 흡연자의 폐는 꼭 연기를 뿜어내는 굴뚝 내부처럼 생겼다. 현재 우리나라 담배갑 포장에 흡연이 초래할 수 있는 다양한 질병과 피해에 대한 사진과 경고 문구가 부착된 것도 이와 같은 맥락이다. 그것을 본 아내와 자녀들은 아버지에게 금연을 강권한다. 사랑하는 남편과 아버지의 생명이 단축되는 것을 알면서도 방치할 수는 없지 않겠는가.

　나는 의학적 상식이 빈곤하지만, 나보다 건강하던 친구들이

폐암으로 일찍 세상을 떠나는 것을 보면 역시 담배를 많이 피우던 사람들이었다. 그리고 같은 나이인데도 청력이 일찍 감퇴하는 친구들도 담배를 즐기는 친구들이다. 담배를 피우지 않은 친구들은 비교적 건강한 청력을 유지하고 있다. 그래서 적당한 음주는 괜찮지만, 담배는 끊어야 한다는 운동이 세계적으로 일어나고 있다.

이런 얘기를 하는 이유는 두 가지다. 첫째, 부모나 교사가 자녀나 제자들에게는 담배를 피우지 않는 것이 좋다는 사실을 알려 주어야 하기 때문이다. 흡연은 단순한 호기심이나 멋있어 보이기 위한 행동이 아니고, 나아가 담배를 피운다고 해서 결코 잘난 것이 아니라는 예비 지식을 주기 위해서다.

둘째, 일부 청소년들은 남보다 일찍 술과 담배를 접하는 것을 어른이 되었다는 과시욕과 연결 짓는 경우가 있기 때문이다. 이런 잘못된 인식을 바로잡기 위해서는 그것이 결코 좋은 것이 아니라는 점을 합리적으로 이야기해 줄 필요가 있다. 다만, 술이나 담배를 지나치게 죄악시하는 편협한 시각은 경계해야 한다.

미국에서 목회를 하는 어느 한국인 목사가 고등학교에 다니는 딸이 담배를 피우고 술도 마시는가 하면 때로는 마리화나를 입에 댄다는 사실을 알게 되었다. 그 딸은 친구들과 사귀면서 별로 큰 죄책감 없이 취미 삼아 그것에 접근했던 것이다. 미국에서는 흔히 있는 일이다.

그러나 아버지는 완고한 신앙을 가진 목사였고 교인들의 이목도 있기에 딸을 지나치게 나무랐다. 큰 범죄 사건이라도 되는 듯이 절대로 용납할 수 없다고 선언했다. 얼마 후 그 딸은 충격과 갈등을 극복하지 못하고 스스로 목숨을 끊고 말았다. 사랑하는 딸의 죽음을 맞이한 부모의 마음이 얼마나 아팠겠는가. 부모는 그들이 교육받았던 50여 년 전 한국적 의식 구조를 벗어날 수 없었고 딸은 자유로운 미국의 분위기를 따랐을 뿐이었다. 관념의 차이가 이렇게 무서운 것이다.

이런 사실은 제자나 자녀의 흡연 문제를 걱정하는 교사와 부모들에게 사랑이 있는 지혜로운 선택과 판단이 요청된다는 것을 보여준다. 무엇보다 중요한 것은 청소년들을 흡연하지 않는 방향으로 이끌어 가는 것이다. 그러기 위해서는 가능한 한 부모와 교사가 담배를 피우지 않거나 피우더라도 시간과 장소를 가리는 예절을 지켜야 한다.

나와 같은 과에 재직하고 있던 한 교수는 담배를 즐기는 편이었다. 그러나 연구실 밖에서는 피우는 일이 없었다. 연세대학교가 금연을 권고하고 있다는 사실을 알기 때문에 그 규칙을 잘 지키는 모범을 보여주었던 것이다.

최근에는 어디를 가든 금연석이나 금연 구역이 점점 늘어나고 있다. 금연 표시가 있는 곳에서는 담배를 피우지 않는 것이 기본 도리이자 예절임을 인식할 필요가 있다.

또한 다른 나라는 물론이고 우리나라에서도 문제가 되고 있는 것은 청소년들의 폭력 사건이다. 학교에서도 예외는 아니다. 중학생들 사이에서도, 여학생들 간에도 자주 일어나고 있다.

폭력 문제도 흡연처럼 우선 지도층과 어른들부터 개선할 필요가 있다. 국회의원들이 폭력을 일삼는 경우가 있다. 그런 국회의원은 반드시 낙선시키거나 선거 구민들이 소환하는 절차가 있어야 한다. 폭력을 정당화하는 사회가 용납되어서는 안 된다.

하루가 멀다 하고 가정을 파고드는 TV 드라마에는 으레 폭력 장면이 등장한다. 그것도 잔인한 폭력 장면이다. 사실 사회생활을 하다 보면 그런 폭력 사건은 흔히 일어나는 것이 아니다. 그러나 TV를 보면 폭력이 예사로운 일로 취급되고 있다. 그 결과가 청소년들에게 어떤 영향을 주리라고 걱정하는 이들은 별로 없다. 작가들은 그것도 예술이라고 말할지 모른다. 물론 보기에 따라서는 예술적 요소가 없는 것은 아니다. 그러나 예술의 가치는 정서적 공감과 순화를 외면해서는 안 된다.

독일 TV 드라마에는 지나친 폭력 장면이 등장하지 않는다. 제1, 2차 세계대전에 적극 가담하거나 일으켰기 때문에 국민 정서에 폭력이나 힘에 의한 문제해결 장면을 없애야 한다는 공감대가 형성된 것이다.

이처럼 우리도 폭력 노출을 삼가야 하지 않을까 싶다. 어른들은 폭력을 일삼으며 폭력적인 영상물을 보면서 청소년들에게만 폭력을 문제 삼는다면 그것 자체가 사회적 모순이 아닌가.

청소년들에게 폭력 사태가 발생하는 근본적인 원인은 폭력에 대한 그들의 가치관이 올바르게 정립되어 있지 않은 데 있다. 중고등학교 시절부터 종교적 신앙생활을 해온 청소년들은 대개 폭력을 쓰지 않는다. 폭력은 악이며, 문제를 해결하는 바람직한 방법이 아니라는 신념을 가지고 있기 때문이다. 사회의 모든 영역에서 선악의 기준을 반드시 갖추지는 않더라도, '폭력은 악'이라는 인식을 어릴 때부터 심어 주어야 한다.

 윤리 교육이란 이것도 저것도 좋다는 식의 판단을 허용하는 것이 아니다. 우리가 행하는 모든 행동에는 선과 악의 가치 평가가 따르기 때문에, 어릴 때부터 스스로 판단하여 선을 따르고 악을 거부할 수 있도록 가르쳐야 한다.

 현재 청소년들의 가장 큰 문제는 죄의식이 부족하다는 점이다. '왕따'와 같은 사건이 그 예다. 죄의식은 누가 강제로 심어 주는 것이 아니라 스스로 느끼고 형성되도록 이끌어 주어야 한다. 가정은 물론, 학교에서도 선악에 대한 올바른 가치관을 갖도록 가르쳐야 한다.

 그리고 사회적으로 청소년들에게 위법이나 폭력의 기회를 제공하지 말아야 한다. 우리에게 윤리의식은 존재하지만 형식적이고, 법은 있지만 그것을 지켜야 한다는 자각은 부족한 실정이다. 어른들이 형식적인 전통만 강조하고 정작 법을 지키지 않는 모습을 보이면 청소년들도 자연스럽게 그 뒤를 따르게 된다.

 뿐만 아니라 폭력을 다스리기 위해 다시 폭력을 사용하는 일은 삼가야 한다. 공화당 정권 시절, 학칙을 어기거나 사회적 물의를 일으킨 학생들을 퇴학이나 제적으로 처리하면서 매년 수천 명의 학생들이 학교를 떠나야 했다. 학교는 번거로운 문제에서 벗어날 수 있었지만, 이 학생들이 이후 사회에서 저지른 범죄나 문제 행동은 결과적으로 더 큰 사회적 해악이 되었다. 이는 학교가 고쳐야 할 가벼운 환자를 중환자로 만든 꼴이 되어 학생들이 오히려 더 심각한 범죄의 수렁에 빠져드는 결과를 초래했다.

청소년의 폭력 문제를 해결하기 위해서는 무엇보다도 사랑이 있는 교육이 선행되어야 한다. 자녀가 말을 듣지 않는다고 가정에서 내쫓는 법은 없다. 학교에서 힘에 의해 해결하려고 하는 것은 바로 그런 과오를 범하는 결과가 된다. 문제 학생, 폭력을 저지르는 학생이 생긴다는 것은 먼저 학부모와 교사들의 지도력 부족임을 인정해야 한다.

폭력을 막고 줄이는 또 하나의 방법은 청소년들에게 대화의 습관을 길러 주는 것이다. 선진국에서는 대화가 활발하게 이루어지기 때문에 힘으로 문제를 해결하려는 직접적인 수단을 쓰지 않는다. 사실 사회생활을 하다 보면 대화로 해결하지 못할 문제는 거의 없다. 대화보다 폭력을 앞세우는 개인이나 사회는 후진국적인 현상이다.

한때 우리나라 축구 선수들이 동남아시아에서 우승하면, 현지 선수들이나 응원단으로부터 폭행을 당하고 오는 일이 종종 있었다. 그러나 지금은 그런 행위 자체가 비난받고 있다.

만약 우리 사회가 윤리적·정신적으로 성숙해지고, 어른들과 부모 및 교사들이 확고한 가치관을 가지고 살아간다면, 청소년들 역시 폭력을 부끄럽게 여기고 사회적으로 배척하는 분위기가 자리 잡게 될 것이다. 운동 경기에서 '룰'을 어기면 처벌받듯이 단체생활이나 사회생활에서도 폭력은 건전한 사회의 '룰'을 어기는 것이라는 인식과 가치관을 심어 주어야 한다.

오래전, 후배 교수가 자동차의 사이드미러를 뜯어 훔쳐가는 중학생을 쫓아가 잡았는데 그 집에는 그런 식으로 훔쳐온 사이드미러가 20여 개나 있었다고 했다. 그 교수가 어린 중학생의 아버지에게 어떻게 이럴 수가 있느냐고 따졌더니 그 아버지는 "그깟 것쯤을 가지고 뭘 그렇게 떠들어 대느냐"는 식으로 오히려 이상하다는 표정을 짓더라는 것이다.

지금 우리 청소년들의 폭력 행위를 바라보는 기성세대의 가치관이 마치 그 중학생의 아버지와 비슷해졌기 때문에 폭력 문제가 사라지지도 않고 해결되지도 못하는 것이다. 내 자식만 피해를 입지 않는 한 그것은 대수로운 문제가 아니라고 여기는 태도에 큰 문제가 있다.

폭력 문제는 겉으로 드러난 현상의 문제가 아니라 가치관의 기초가 무너진 데서 비롯된 결과다.

신앙을 키운 학교,
삶을 변화시킨 교육

　오래전 L.A.에 갔을 때 일이다. 서울에서부터 잘 아는 K목사의 가족과 같이 차를 타고 거리를 지나고 있었다. 차 밖에는 폭우가 쏟아져 거리는 온통 물바다가 되어 있었다. 나중에 보도된 내용에 따르면 몇십 년 만의 홍수였다고 했다.

　내 옆자리에 앉아 있던 K목사의 어린 아들이 열심히 기도를 드리는 모습이 눈에 들어왔다. 목적지까지 무사히 가게 해주시고, 비를 그치게 해달라는 기도 같았다.

　집에 돌아와 K목사에게 "아들이 어느 학교에 다니느냐"고 물었더니 기독교 교육을 하는 사립 초등학교에 다닌다고 대답했다. 미국에서는 대부분의 어린이가 공립 학교에 다닌다. 물론 공립이라 비용이 들지 않는다. 그 대신 사립 학교를 선택하는 경우에는 상당히 많은 학비가 든다. 그런데 K목사는 아이들에게 일찍부터 신앙심을 키워 주고 싶은 마음에 보수적인 교회가 운영하는 사립 학교를 택했던 것이다.

　공립 학교에서는 종교 교육을 하지 않는다. 신앙심을 키워 주고 싶은 가정에서는 교회에 나가 교회 학교 교육을 받도록 한다. K목사가 사립 학교를 택한 또 하나의 이유는 대개의 사립 학교에는 경제적 여유가 있는 아이들이 모이기 때문에 가정 교육의 간접적 혜택도 받을 수 있었기 때문이다.

일본은 종교 교육을 하는 학교가 많지 않다. 그래도 뜻이 있는 학부모들은 중고등학교 때 종교 교육을 하는 사립 학교를 택한다. 특히 딸들의 장래를 생각하는 가정에서는 부모가 특정한 종교를 믿지 않더라도 종교 교육을 선호하는 경향이 있다. 여성들의 종교적 분위기를 바람직하게 여기기 때문이다.

쉽게 말하면 민주주의는 선택의 폭을 넓히는 데 있으므로 종교 교육도 하나의 선택지가 되어 있는 셈이다.

교복 문제도 그렇다. 영국에 가면 교복을 입게 하는 학교도 있고, 자유로운 복장을 하게 하는 학교도 있다. 학생 본인이나 학부모들은 자기가 원하는 학교를 선택하면 되는 것이다. 교육의 획일성은 사회의 획일성으로 이어지기 때문에 바람직하게 여기지 않는다.

나 같은 사람은 일생에 한 번은 사립 학교에 다니는 것을 권하는 편이다. 내 친구들 중에는 초등학교에서 중고등학교까지 공립 학교에 다니고 대학까지 국립 대학을 거친 이들이 많이 있다. 모두가 우수한 이들이다. 그런데 이상한 것은 그들의 대부분은 정부에 대해서나 사회 현실에 있어 긍정적인 면에 치우쳐 비판할 수 있는 권리를 찾아 누리지 못한다.

오래전부터 일본에서는 도쿄대학 교수들 대부분이 국수주의적 애국심을 넘어서지 못하는 경향이 있었다. 한 저명한 윤리학 교수는 태평양 전쟁이 끝나고 민주주의를 체험하면서 비로소 자신이 얼마나 국수주의적 사상의 노예가 되어 있었던가를 뉘우

쳤다. 그러고는 저서 중의 한 권은 후배 교수와 제자들에게 창피해서 내놓을 수 없다고 후회한 적이 있다. 대부분의 국립 대학 교수들이 그와 같은 국수주의적 사상을 따르고 있었다.

그런데 같은 도쿄대학 교수 중에서 제국주의 일본 정책을 비판·반대한 사람들은 신기하게도 크리스천 교수들이었다. 태평양 전쟁이 끝난 뒤 교수들의 투표에 의해 선출된 총장들은 정부로부터 박해를 받았고 대학에서 추방되었던 교수들이었다.

그들은 기독교라는 다른 밭에서 자랐기 때문에 일본의 현실을 비판할 수 있는 성숙한 사상을 갖추었지만, 공립 학교에서 국립 학교를 거쳐 왔던 교수들은 학문에 열중해 학자는 되었으나 사상과 정신적 지향점이 없었기 때문에 고급 공무원과 같은 성향의 어용 교수가 되었던 것이다.

우리에게도 그런 면이 없지 않다. 공립 학교와 국립 대학만을 거치게 되면 야인으로서의 정신이나 정부와 현실에 대한 비판력을 상실하기 쉽다. 내가 잘 아는 선배 한 사람이 있다. 그는 수재 소리를 들을 정도로 공부를 잘했기 때문에 일제 강점기 때는 일본인 중학교에 다녔다. 그리고 경성제대를 나와 교수가 되었고 사회 활동도 많이 했다. 그런데 놀라울 정도로 사회에 대한 비판 의식이 없고 사상적 주견은 찾아볼 길이 없었다. 그에게는 학생들이 왜 반정부 운동을 일으키는지 설명할 필요도 없었다. 그는 야당 활동을 늘 곱지 않게 여기고, 관권은 언제나 정당한 것으로 간주했기에 어떤 정권 아래에서도 조용히 심부름을 할 수 있는 사람이었다.

내 친구는 그가 사립 학교에 다녀 봤거나 어떤 정치적 이데올로기에 참여한 경험이 있었다면 지금과는 달라졌을 것이라고 평하곤 했다. 아주 혹평한다면 그런 사람에게는 일제 치하에 살거나 공산 치하에 사는 것은 크게 문제가 안 된다. 열심히 공부하고 일해서 성공하면 그것으로 족한 것이다.

물론 그런 사람이 나쁘다는 것은 아니다. 그러나 사람들이 모두 그렇게 된다면 그것은 우려스러운 일이다. 그리고 지성인들이 다 그렇게 된다면 그 사회의 장래는 병들어 버릴 수도 있다. 군사 정권에도 비판 없이 참여하는 학자들이 되었을 것이기 때문이다.

나는 그런 경향을 많이 보아 왔기 때문에 사립 학교에 한 번쯤은 다녀 보는 것이 좋겠다는 생각을 하고 있다. 나와 같이 여러 아이들을 키워 본 사람은 사립 학교의 정신적 전통과 인생에 미치는 의미를 뚜렷이 느끼고 있다. 중요한 것은 공부가 아니라 어떤 인간이 되는가의 문제이기 때문이다.

나는 우리 주변에서도 종교 교육을 원하는 경우에는 그것을 선택할 수 있는 길을 열어 주어도 좋다고 생각한다.

종교 교육을 받은 학생과 받지 않은 학생 중 어느 쪽에 폭력 학생이 더 많은가를 비교해 보라. 불교나 기독교 학교에 다니는 중고등학생과 일반 학교에 다니는 학생 중 어느 쪽에 흡연이나 음주를 하는 학생이 더 많은지 조사해 보면 좋을 것이다.

물론 일률적으로 종교 학교이기 때문에 꼭 그렇다고는 말할 수 없다. 그러나 같은 교육을 한다면 종교 교육을 추가했다고 해서 손해가 되는 일은 없을 것이다. 내가 잘 아는 일본의 정치가 한 사람은 자신은 무종교이면서 딸들은 일찍부터 천주교 학교에 보냈다. 그는 각료로 있을 때에도 야스쿠니 신사 참배를 적극 반대했다. 그 점에 있어서는 자기보다도 딸들이 더 적극적이었다고 술회했다.

다만, 해당 학교에서 교육에 목적을 두기보다 선교를 더 내세우는 경우 문제가 된다.

어떤 중고등학교에서는 교육 목적보다도 선교 목적을 앞세우는 경우가 있다. 그런 학교에서는 학생들에게 신앙적인 분위기를 강조하며, 신앙을 가진 학생은 신앙을 가지지 않은 학생들보다 더 좋은 학생이라는 선입관을 심어 주기 쉽다.

내가 관심이 있는 어떤 중고등학교에 가면 선생들이 OO 선생이라고 부르지 않고 OO 장로라든지 OO 집사라는 칭호를 사용할 때가 있다. 나는 그런 종교 교육은 바라지 않는다. 신앙은 언제 어디서나 강요할 수도 없고 강요당해서도 안 된다. 신앙은 성실하고 경건한 선택이기 때문이다. 종교 학교는 특히 중고등학교에 있어서는 가장 소중한 하나의 선택이며 사랑이 있는 권고라고 생각하는 것이 좋을 것이다. 종교적인 정서와 신앙적인 분위기를 제공하며 훗날 본인이 스스로 선택할 수 있는 기회를 만들어 주어야 한다. 학교의 근본적인 목적은 인간다운 삶을 영위할 수 있는 교육에 있기 때문이다.

여기서 가장 조심해야 할 것은 기독교 학교에 다녔기 때문에 기독교를 멀리하게 되었다는 학생이 생겨서도 안 되며, 불교 학교에 다녔기 때문에 위선적인 사고를 하게 되었다는 학생들이 생겨서도 안 된다는 점이다. 그것은 종교 교육이 가장 삼가야 하는 과제다.

나는 딸들을 이화여고에 보냈고, 내 조카뻘 되는 아이들은 경기여고를 다녔다. 지금 두 그룹의 아이들을 비교해 볼 때마다 역시 내 선택이 옳았다고 생각한다. 이화여고는 전통적으로 기독교 교육을 기반으로 하며, 이러한 신앙적 분위기가 딸들의 정서와 폭넓은 인간성을 키우는 데 큰 도움이 되었다. 이화여고를 졸업한 딸들은 지금도 동창들과의 모임을 잘 이어가며 지속적인 인간관계를 유지하고 있다. 비록 열성적인 신앙생활을 하지는 않더라도 종교적인 분위기에서 교육받은 경험은 삶에 깊이 남아 있다. 특히, 서클 활동이나 우정, 인간관계 면에서는 훨씬 풍요로운 경험을 쌓을 수 있었다. 아마도 사회봉사나 사회사업 분야에서 열심히 활동하는 원동력도 이와 같은 신앙적 정신력이 밑바탕이 되었기 때문일 것이다.

내 두 아들은 공립 중고등학교에 다녔다. 공립 학교도 장단점이 있지만, 두 아들은 교회에 다녔기 때문에 학교에서는 종교적 영향을 받지 못했으나 교회에서 부족한 부분을 보충할 수 있어 다행이었다고 생각한다. 지금도 종교적 권고는 옳았다고 생각하며 신앙을 강요하지 않고 스스로 선택하도록 한 것은 좋은 결과를 가져왔다고 생각한다. 온 가족이 제각기 다른 생활과 활동을 하고 있어도 신앙적 공감대와 공동체 의식을 나눌 수 있게 되었다는 것은 참으로 감사한 일이다.

이상한 것은 사립 학교에서 종교 교육을 받은 아이들은 평생 동안 애교심을 갖고 사는데, 공립 학교의 교육을 받은 아이들은 애교심이 적다는 것이다. 애교심이 적다는 것은 정신적 전통을 이어받지 못했다는 증거일 수도 있다. 공립 학교가 우수한 국민을 양성하는 데 초점을 맞추고 있다면, 사립 학교의 종교 교육은 서로를 섬기고 배려하는 공동체적 국민성을 길러 주는 역할도 함께 수행하지 않았는가 하는 생각이 들기도 한다.

나는 지금도 연세대학교를 졸업한 많은 제자로부터 "강의 시간에 배운 내용은 다 잊었지만, 채플 시간에 들었던 교훈은 아직도 기억에 남는다"는 말을 듣곤 한다. 역시 지식은 시간이 지나면 잊힐 수 있지만, 삶의 태도와 가치에 대한 교훈은 일생 동안 남는다는 점을 보여주는 예다. 내 제자들 중에는 종교적 신앙을 가진 이들도 있고 그렇지 않은 이들도 있다. 학교에 있을 때는 별다른 차이가 없었지만, 성인이 되어 사회에 나간 뒤에는 분명한 차이가 드러난다. 그래서 가능하다면 종교 학교의 교육은 의미 있는 선택이라고 믿고 있다.

독서로 더 풍부해지는 학교 교육,
책으로 미래를 열다

우리나라의 대표적인 한 기업체 연수원에 가면 "두 권의 책을 읽은 사람은 한 권의 책을 읽은 사람을 이끌어 간다"는 글귀가 붙어 있다. 독서하는 사람이나 민족이 리더의 위치에 설 수밖에 없다는 의미일 것이다.

얼마 전 한 기업체의 대졸 신입 사원들을 대상으로 강의를 한 적이 있다. 대학에 다닐 때 대표적인 세계 문학 중에서 7권쯤 읽은 사람이 몇 명이나 되는지 물었더니 놀랍게도 거의 없었다. 내가 1940년대 초반 일본에서 대학에 다닐 때 전철을 타면 옆자리에 앉아 있는 고등학교 학생 중 상당수가 세계 문학을 읽고 있었다. 세계 문학을 읽은 청소년들이 학원 폭력배가 되거나 사회 질서를 무너뜨리는 행동을 쉽게 할 수 있을 거라고는 생각되지 않는다.

선진국에서는 학창 시절부터 익힌 독서 습관이 사회인이 된 후에도 이어져 독서하는 국민으로 성장한다. 그런데 우리나라의 경우, 학교에서조차 책을 읽지 않는 분위기에서 자랐기 때문에 사회에 나와서도 독서와는 거리가 먼 생활을 하게 된다.

입시가 학교 교육의 중심이 되면서 "공부할 시간도 부족한데 책 읽을 시간이 어디 있느냐"는 어리석은 말을 쉽게 들을 수 있게 되었다. 학생들뿐 아니라 교사들까지 그런 말을 할 때면, 어안이 병병해질 수밖에 없다. 교육의 본질이 무엇인지 몰라도 너무 모르는 교사들이 학생들을 지도하고 있는 것이다.

논술고사가 입시에 도입되면서 학부모들까지 논술 특강에 몰리는 등 과열된 반응을 보이고 있지만, 논술에는 특별한 '비법'이 있는 것이 아니다. 좋은 글을 쓰기 위해서는 우선 좋은 책을 많이 읽어야 한다. 좋은 책을 많이 읽으면 필요한 지식을 갖추게 되고, 독서를 통해 생각을 넓히고, 자신의 관점을 정리해 글로 표현하고 싶다는 의욕이 생긴다. 그때에야 비로소 논술이 자연스럽게 가능해진다.

독서는 하지 않으면서 좋은 논술을 쓰겠다는 욕심은 잉태하지 않고 출산을 기다리는 것처럼 어리석으며 씨를 뿌리지 않고 수확을 얻으려고 하는 농부와 같은 철없는 생각이다.

우리 주변에서 거론되는 논술에 관한 얘기들은 마치 물에 들어가기도 전에 수영 방법부터 외우는 격이다. 수영은 물속에서 익혀야 하듯, 글쓰기는 독서 속에서 길러야 한다. 독서는 논술의 어머니다. 이 단순한 진리를 다시 기억할 필요가 있다.

한때 철학과 교수들이, 그 무렵 서울대학교에서 출제한 논술 문제는 ABCDF 점수 중에서 F에 해당한다고 혹평한 적이 있었다. 지나친 평은 아니었을 것이다. 얼마나 타당성이 부족한 논술 문제였기에 대표적인 신문의 사설에서까지 그 맹점을 지적했겠는가.

거기에는 이유가 있다. 우리는 대학 입시의 논술 분야를 국어과 교수들의 과제로 생각하고 있다. 사실 국어과 교수들은 훌륭한 논술을 쓰는 사람들이 아니다. 논술의 필자는 학문과 사상 모든 분야에 존재한다. 차라리 국문학 교수라면 모르나 국어과 교수는 논술의 지엽적인 방법을 지니고 있을 뿐이다.

그래서 신문에 실리는 사설이나 논설이 대표적인 논술이 된다고 보는 이들도 있다. 그러나 대학의 논술은 신문의 논술보다 더 논리적이어야 하며 학문적 요소가 가미되어야 한다. 가곡을 부르는 사람과 가요를 부르는 사람 사이에 음악적인 격차가 있는 것과 비슷할지 모르겠다. 신문 논설은 독자 대중의 구미에 맞추어야 하기 때문에 고전음악보다는 유행가요 같은 면이 강하다.

그렇다면 과연 누가 논술을 이끌 수 있으며, 또 그 길은 무엇인가. 우리 사회가 직면한 다양한 과제에 대해 남들보다 앞선 사고를 하고, 그 내용을 객관적이고 논리적으로 서술할 수 있는 사람만이 진정한 논술을 펼칠 수 있다. 주어진 문제에 대해 독창적인 사고를 하기 위해서는 먼저 그 주제에 대한 충분한 이해가 선행되어야 한다. 그리고 그 이해를 바탕으로 폭넓고 근본적인 지식을 갖추기 위해서는 반드시 독서가 필요하다. 책을 읽고, 그 내용을 자신의 생각으로 정리하고, 읽는 내용보다 앞서는 사고를 해야 하고 그 내용을 논리적으로 서술하는 것이 논술이다.

논술의 과정은 읽고 생각한 후에 쓰는 것이다. 이때 논증적인 책을 읽고, 논리적으로 비판·사고하는 습관을 들이면 자연히 논리적인 글쓰기가 가능해진다. 따라서 무엇보다 앞서는 것이 독서다. 조각할 재료가 없으면 조각작품을 만들 수 없다. 조각하기 위한 재료에 해당하는 것이 내용의 섭취인 독서인 셈이다. 읽지 않고 쓴다는 것은 학창 시절에는 불가능하다.

    이런 의미에서 학교 교육과 독서는 떼놓을 수 없다. 어떻게 보면 학교 교육은 스승 없이도 스스로 공부하며 연구할 수 있는 능력을 키워 주는 것이고, 스스로 연구한다는 것은 문헌을 읽는 것이다. 그리고 새로운 생각과 사상을 창출해 내면 논술이 완성된다.

    이때 중요한 것은 교과서로 대표되는 교재와 교재를 넘어선 독서의 관계다. 초등학교 시절에는 교과서의 내용이 제한되어 있기 때문에 교과서 이외의 책을 많이 읽게 된다. 학습에 보충 자료가 되는 책들도 읽고 동화, 동시 같은 취미를 키우는 책들도 읽는다. 그리고 5, 6학년이 되면 어느 정도 자신의 진로와 관련된 독서를 선택할 수 있다. 자연에 관해 관심이 많은 아이는 동식물이나 환경에 관한 책을, 예술적 상상력을 키우고 싶은 어린이는 그림책이나 예술가의 삶을 다룬 책을 읽는다.

    학창 시절에는 대개 교과서 분량의 몇 배나 되는 책을 읽는다. 초등학교 시절은 병아리로 깨어나기 이전의 달걀 상태와 같아서 자각은 없어도 자아 형성의 기틀이 되는 취미 위주의 독서를 한다. 그러다가 중고등학생이 되면 한 인간으로서의 자질과 국민으로서의 자각을 위한 독서가 필요하다.

중고등학생 시절에 주어진 교재나 교과서에 집중하는 것은 좋지만 그것으로 그친다면 학습의 3분의 1이나 2분의 1밖에는 하지 못하는 결과가 된다. 나머지 반이나 3분의 2는 스스로가 채워 나가야 한다. 그것이 넓은 의미의 독서다. 교과서에서 몇 편의 시를 읽었다고 하자. 그것으로 그친다면 그것은 아무것도 아니다. 그것을 계기로 적어도 몇 사람의 시들을 읽어야 시에 대한 이해와 예술성을 깨닫게 되는 것이다. 역사 교과서는 역사에 대한 안내서에 지나지 않는다. 그것을 기초로 여러 권의 역사책을 읽어야 역사를 이해하게 되는 것이다.

공자의 『논어』 중에서 몇 편을 읽은 것으로 공자를 이해했다거나 동양의 윤리를 공부했다고 할 수는 없다. 『논어』를 비롯한 몇 권의 동양 고전을 읽고 나서야 동양의 전통적 윤리의식을 이해할 수 있는 것이다.

그래서 세계 어느 선진국에서든 중고등학교 시절에는 그 나라의 전통 문화와 역사는 반드시 배우고 읽도록 한다. 그리고 대표적인 역사적 인물의 자서전이나 전기는 꼭 읽도록 유도한다.

예를 들면 고등학교 1학년 동안 읽을 만한 책들을 여러 권 제시하고 그중에서 5, 6권은 꼭 읽도록 지도한다. 미국의 경우, 성경의 몇 부분이라든지 미국 건국의 아버지 중 한 사람인 벤저민 프랭클린의 자서전 같은 책은 빼놓지 않는다. 그 책들이 미국의 전통적인 사상과 문화의 기틀이 되어 왔기 때문이다.

말하자면 교과서나 교재는 독서를 통해 더 깊고 풍부한 지식을 얻도록 돕는 기초 역할을 담당하는 것이다.

나는 몇 해 전 한 미국의 고등학생이 여름방학을 이용해 한국에 와서 '왜 한국 학생들이 반미 감정을 갖는가?'를 조사하고, 또 다른 고3 학생이 '우리 가족에 미친 미국 선교사들의 영향'을 살피는 것을 보고 적지 않은 충격을 받았다. 우리 아이들은 수능 시험에 매달려 아무것도 못 하고 있는데 저 아이들은 연구 활동을 위해 많은 책을 읽고, 그 결과를 제출함으로써 대학 입학의 능력을 인정받은 것이다.

내가 언젠가는 없어질 수능 고사를 빨리 폐지하는 것이 좋다고 주장하는 것도 청소년들을 시험 준비생에만 머물게 하지 말고 독서를 통해 창의적인 사고를 하는 창조적 인물이 되도록 이끌어 주자는 데 뜻이 있기 때문이다. 입시를 위한 교육이나 성적을 올리기 위한 학교생활을 인간적 성장을 위한 교육으로 방향을 바꾸어 주고 창조성을 갖춘 인물로 키우는 수준까지 끌어올려야 한다.

서구의 대학들은 기초 교양 교육에 큰 비중을 두고 있다. 전공은 대학원에서 깊이 공부하도록 되어 있기 때문에 학부 4년 동안은 폭넓은 교양 독서에 집중하도록 한다. 우리나라 대학생들에 비하면 10배 많은 독서를 하도록 이끌어 준다. 내가 잠시 다녀온 한 대학에서는 한 과목의 학점을 이수하기 위해 1,800쪽 이상의 책을 읽어야 했다. 그렇게 하지 않고는 학점을 딸 수 없도록 제도화되어 있었다.

나는 나의 중고등학교 시절의 경험이 가장 이상적이었다고 생각하지는 않는다. 당시 나는 학교 공부보다 독서에 더 많은 시간과 노력을 들였고, 방학은 철저히 독서를 위한 시간으로 정해 놓았다. 특히 중학 3학년 이후 1년간 휴학하면서 무척 많은 책을 읽었고, 그 시기에 철학적 저서들을 접한 것이 후일 철학을 공부하게 된 계기가 되었다.

지금 회고해 보면 중고등학교 시절에 과외로(그 당시에는 과외 공부는 없었다) 취미 활동이나 관심 분야에 대한 독서에 몰두했던 친구들이 훗날 사회에 의미 있는 기여를 하는 인물로 성장한 것 같다. 윤동주 시인과 황순원 작가도 그런 길을 걸은 이들이다. 물론 대개 의사나 법관이 된 이들은 학교 공부가 중심이었지만, 후일에 정신문화의 분야를 담당한 친구들은 모두가 독서의 취미를 살려 나갔던 사람들이다. 같은 의사가 되고 법관이 되었다고 해도 내적 여유와 깊이를 갖춘 이들은 젊었을 때의 독서에서 그 자산을 얻는 것이 일반적이었다.

독서를 하는 사람들은 학교에서 배우는 것만으로는 얻을 수 없는 문제의식과 사상적 깊이를 더 풍부하게 키울 수 있다. 사회의 지도자는 정신이나 사상적 과제를 지닌 사람들이 맡는 것이고, 그 과제의 내용은 대개 청소년 기간의 독서에서 얻어지는 것이다.

언어는 힘이다.
그러나 놓치면 안 되는 것

    외국어를 할 수 있다는 것은 일생을 살아가는 데 필요한 정신적 도구를 갖추는 것만큼이나 중요하다. 대개 강대국에서 태어난 사람들은 외국어의 필요성을 덜 느낀다. 그러나 약소국에서 자란 사람들이 국제 사회에 진출하기 위해서는 강대국의 언어를 배우는 것이 절실해진다.

    실제로 유럽 여러 작은 나라의 국민들은 한두 가지의 외국어를 능숙하게 구사하는데, 이는 자국어만으로는 사회 활동을 할 수가 없기 때문이다. 예를 들면, 네덜란드나 벨기에 사람들은 으레 독일어나 프랑스어를 말할 줄 안다.

    우리나라도 작은 국가로 성장해 왔기 때문에 옛날에는 중국의 한자 문화를 따랐고 일제강점기에는 일본어를 배우도록 강요당하기도 했다. 내가 어렸을 때는 영어·독일어·프랑스어가 비슷한 수준으로 중요했다. 화학·약학·의학을 위해서는 독일어를 공부해야 했고 문학·미술 등을 전공하는 이는 프랑스어를 더 비중 있게 선택하곤 했다.

    그러다가 영어 문화권이 세계적으로 영향력을 행사하면서 영어는 필수적인 외국어가 되었다. 정치, 경제는 물론 자연과학과 사회과학, 나아가 일상생활에 이르기까지 영어만큼 보편적이고 활용도가 높은 외국어는 없기 때문이다.

그래서 영어는 필수로 할 줄 알아야 하고 할 바에는 남보다 더 잘해야 한다는 필요성이 강하게 대두되었다. 국제 무대에서는 우리말보다 영어를 구사할 수 있어야 일을 하는 데 편리하고, 또 유능함을 인정받는 것이 현실이다.

게다가 예전처럼 문법을 익히고 독서를 하는 방식만으로는 충분하지 않다. 영어를 실생활에서 자유롭게 사용할 수 있는 '생활화'가 요구되고 있다. 듣고 말하는 것은 물론, 읽고 쓰는 능력까지 갖춘 영어 실력이 필요한 시대가 된 것이다.

이를 위해 영어의 조기 교육이 바람직하다는 인식이 확산되었고, 한국에서 한국인 교사를 통해 배우는 것보다는 현지에서 미국인이나 영국인 교사에게 직접 배우는 것이 더 효과적이라는 점도 인정하지 않을 수 없게 되었다.

하지만 여기에 문제가 없는 것은 아니다. 너무 일찍부터 영어를 배우고, 영어를 한국어보다 더 능숙하게 구사하게 된다면 그 사람은 훗날 한국에서 뛰어난 시인이나 작가가 되기는 어렵다. 영어를 한국어보다 더 잘하게 되면 영어로 생각하게 되고 따라서 최상의 한국어를 구사하기 어려워지기 때문이다. 가장 훌륭한 한국어를 사용하기 위해서는 외국어가 모국어보다 능숙해서는 안 된다.

실제로 주변에서 그런 사례를 종종 볼 수 있다. 김은국 씨는 『순교자』라는 작품을 영어로 썼다. 이 작품은 영어로 씌어졌기에 영어 문학에 속하며, 한국 문학으로 보기는 어렵다. 김은국 씨 역시 영어를 한국어보다 더 잘하는 편이었다. 가장 뛰어난 한국어 시를 쓰거나 문학 작품을 남기려는 사람이라면, 반드시 우리말과 글을 더 잘 다룰 수 있어야 한다.

또한 영어를 영어답게 잘하려면, 발음을 일찍부터 익히는 것이 중요하다. 일반적으로 7~8세 무렵이 가장 적절한 시기로 알려져 있다. 이 시기에 영어를 접한 아이들은 원어민과 별 차이 없는 발음을 구사할 수 있다. 실제로 미국에 가보면, 초등학생들이 이민 1세대인 부모의 영어 발음을 못마땅하게 여기며 불만을 드러내는 경우가 있다. 부모들은 어릴 때부터 영어를 사용하지 않았기 때문이다.

그리고 영어로 말할 때 풍부하고 고상한 어휘를 사용하기 위해서는 대학 4년을 미국에서 보내는 편이 좋다. 4년 동안 폭넓게 독서하며 지성인으로서 풍부한 소양을 쌓을 수 있기 때문이다.

한국에서 대학을 나오고 대학원부터 미국에 가서 공부한 사람은 발음도 우수하지 못하고 어휘 구사나 표현도 풍부하지 못하다. 반면, 학부를 미국에서 보낸 사람들은 역시 품위와 격조 있는 영어를 사용할 줄 안다.

다른 외국어도 마찬가지다. 한국에서 일찍부터 독일어나 프랑스어 책을 잘 읽은 사람도 직접 독일이나 프랑스에 가면 듣기나 말하기를 무척 어려워한다. 생활어가 되지 못하고 독서를 위한 어학이 되었기 때문이다. 그래서 앞으로의 외국어는 읽기·듣기·쓰기를 모두 고르게 갖추어야 한다.

한국전쟁 때 있었던 일이다. 우리나라 외국어 대학의 교수와 학장을 지낸 사람이 미군 장교와 대화하게 되었는데 의사소통이 전혀 이루어지지 않았다. 아마 영어 문법을 따진다면 그 영어학자는 어떤 미국인보다 앞섰을 것이다. 그러나 듣기와 말하기는 현지에서 전혀 먹히지 않았던 것이다. 이는 문법 위주의 영어 교육만으로는 실제 의사소통 능력을 기르기 어렵다는 사실을 보여준다. 그렇다고 미군 부대를 따라다니거나 미국인 밑에서 일하며 몇 마디 영어를 잘 알아듣고 필요한 대화를 한다고 해서 그것이 곧 영어다운 영어가 되는 것은 아니다. 깊이 있는 독서와 대화가 동시에 이루어질 때 비로소 수준 있는 외국어 실력을 갖추었다고 할 수 있다.

대개 여성은 남성보다 회화를 더 빨리 익히고 능숙해지는 경향이 있다. 남성은 회화 능력 면에서 여성에게 뒤처지는 경우가 많다. 이는 여성이 발음을 더 잘 모방하고, 사고력보다 이해력에서 앞서기 때문일 수 있다.

부부가 함께 동일한 기간 외국에 나가 공부하는 경우를 보면, 강의실에서 교수의 강의를 이해하는 데는 남성이 앞서는 반면, 집에 돌아와 이웃과 생활하며 외국어를 사용하는 데는 여성이 훨씬 능숙한 경우가 많다.

외국어를 습득하는 데 가장 중요한 요소 중 하나는 중단하지 않고 꾸준히 이어가는 것이다. 일단 학습을 멈추게 되면 이전에 습득했던 내용들을 다시 기억해 내야 하는 번거로움이 생긴다. 그러나 매일 꾸준히 학습하는 사람은 마치 허물어진 모래탑을 다시 쌓는 것 같은 수고를 겪지 않아도 된다. 따라서 자녀가 외국어를 잘하도록 이끌고 싶은 부모라면 학습이 중단되지 않도록 지속적인 학습 여건을 만들어 주고, 꾸준히 이어가도록 도와주어야 한다.

한 가지 외국어를 습득하게 되면 자연스럽게 두세 가지 이상의 외국어가 더 필요한 경우가 생긴다. 서양의 학문을 연구하기 위해서는 영어, 독일어, 프랑스어 중 최소 두 가지는 읽을 수 있어야 한다. 외교관이나 회사의 주재원으로 해외에서 근무하기 위해서도 외국어 두 가지 정도는 필수 조건이 되었다.

대체로, 우리나라 사람들은 중국어나 일본어 중 하나는 할 수 있어야 하고 영어나 프랑스어 또는 스페인어 중 하나는 할 수 있으면 좋다. 지금도 외교 언어로는 프랑스어가 중요하게 여겨지며 스페인어는 사용 인구가 많아 배울 필요가 있다고 생각하는 사람들도 있다. 그러나 외교계는 물론이고, 일상적으로 가장 많이 쓰이는 서양어가 영어로 굳어지면서 오늘날 제1외국어라고 하면 자연스럽게 영어를 떠올리게 되었다.

한편으로는 누구나 다 하는 영어를 서툴게 하는 것보다 특정 외국어를 전문적으로 잘하는 것이 오히려 더 큰 가치를 가질 수도 있다. 희소가치가 있는 외국어는 그 자체로 중요한 선택이기 때문이다. 지금 우리 중에 아랍어나 러시아어를 아주 훌륭하게 구사할 수 있는 이가 있다면 영어나 일본어를 하는 사람보다 대체 불가한 인재가 될 수도 있다.

지금은 외국어 교육이 영어 중심으로 치우쳐 있지만, 앞으로는 다양한 외국어 중에서 자신의 진로와 활동 분야에 맞는 언어를 선택하고, 그것을 통해 인생을 성공적으로 이끌 수 있는 계기로 삼는 것도 바람직하다.

그러나 착각해서는 안 되는 것이 있다. 외국어 자체가 교육의 목적이 되거나 어학이 곧 학문이라고 잘못 생각하는 것이다. 미국이나 독일에 가면 누가 더 영어를 잘하고 누가 더 독일어를 잘하는가에 관심을 갖는다. 그러나 어떤 외국어든 더 좋은 삶을 위한 수단과 방편일 뿐, 외국어 자체가 목적은 아니다.

1950년대와 1960년대에 미국 대학에서는 영어 발음이 서툰 교수들의 인기가 더 높았다. 제2차 세계대전 때 유럽에서 망명해 온 세계적인 학자들 대부분이 영어를 유창하게 구사하지 못했다. 불어식이나 독일어식 발음의 서툰 영어로 강의하는 이가 많았다. 그들의 영어는 미국 학생들이 듣기에 어색했지만, 그 내용과 깊이만큼은 높이 평가받았다.

미국 내 대형 교회에서도 미국식 영어보다 영국식 영어를 구사하는 목사의 설교가 더 호평을 받았고, 아인슈타인이 프린스턴에 머물 당시 그의 서툰 영어를 문제 삼는 사람은 없었다. 세계적 신학자인 폴 틸리히(Paul Johannes Tillich) 역시 처음에는 알아듣기 힘들 정도의 영어를 구사했다.

영어는 지식을 얻고 영어 문화권을 이해하는 데 필수 조건이기는 하나 영어 자체가 목적은 아닌 것이다. 영어를 잘한다고 해서 영문학자가 되는 것도 아니며 사상가나 학자가 되는 것도 아니다. 외국어는 거기에 도달하기 위한 하나의 수단과 과정으로써 필요할 뿐이다.

만약 누군가가 나에게 "당신네 아이들이 영어를 한국어보다 더 잘하기를 바라느냐?"고 물었다고 하자, 그러면 나는 "영어를 잘하는 것을 바라기는 하지만 한국어는 누구에게도 뒤지지 않았으면 좋겠다"고 대답할 것이다.

제5장.

모두가 성장하는 인생 100리 길 완주를 위하여

사교육의 함정,
욕심이 만든 교육 불평등

정규 교육조차 보편화되지 않은 예전에는 과외 공부 같은 것은 없었다. 그러던 것이 과외 공부가 사회 문제로 등장할 정도로 점차 그 비중이 커지고 있다. 사교육비가 국가 경제를 병들게 하고, 정규 학교 교육이 위축될 정도로 학원 교육과 개인 교습이 제도교육을 침범하고 있는 것이다.

이렇게 정규 학교 교육 이외의 수업과 교육을 통틀어 과외 공부라고 한다면, 과외 공부는 과연 필요한 것인지, 필요하다면 어느 정도가 좋은지를 따져 보지 않을 수 없다.

왜 이렇게 과외 수업이 성행하게 되었는가.

그 원인의 하나는 교육 정책이 잘못되었기 때문이다. 지금까지 대학입학시험 제도를 교육부가 담당해 오면서 과외 공부는 필요악으로 번지게 되었다. 또 하나의 원인은 학부모들이 올바른 교육을 모르기 때문이다. 내 아들딸들을 경쟁에서 이기도록 하겠다는 학부모들의 잘못된 욕심이 오늘의 상황을 만들었다.

만일 이 두 가지 과제가 정상적으로 해결되지 못한다면 과외 공부는 사라지지 않을 것이며, '자녀 교육 때문에 이민 가야겠다'는 말이 나올 정도의 부끄러운 현실도 바로잡을 수 없을 것이다.

그렇다면 교육부가 할 일은 무엇인가. 정규 학교 교육을 바르게 이끌어 학교 이외의 공부는 극히 제한된 소수에게 도움이 되는 방향으로 정상화해야 한다. 그때 무엇보다 급선무는 입시 위주의 교육 풍토를 개선하고 지식의 정도를 평가하는 획일적인 입시 제도에서 인간적 능력을 평가하는 다각적인 입시 제도로 전환하는 것이다. 모든 입시 과제는 대학과 교육 당사자들에게 맡기면 된다.

　　당장 해야 할 일은 앞에서도 말했지만 전국적으로 실시되는 수능 시험 제도를 폐지하는 것이다. 지금 당장은 큰일인 것 같아도 언젠가는 폐지될 것을 그 피해가 더 커지기 전에 없애자는 것일 뿐이다. 내신 성적이 좋았던 학생은 입학 후에도 공부를 잘하는데 수능 시험 성적만 좋았던 학생은 입학 후에 좋은 성적을 얻지 못했다는 통계 발표가 있었다.
　　지극히 당연한 사실을 뒤늦게나마 발표했다는 것이 다행이라고 할까. 그만큼 우리 교육이 잘못되어 있는 것이다. 입학시험의 공정성이란 무엇인가. 공정성이 획일성을 낳고 획일성은 지능 점수의 평가에 의존하게 된다. 그러는 동안 인간적 성장이 병들고 창의성과 개성은 무시된다. 이처럼 몇 십만 명을 성적순으로 나열하는 식의 비인간적 교육을 전개해왔다.
　　저마다 개성 있는 대학으로 발전하고 성장하도록 하려면 입시는 대학에 전적으로 일임해야 한다. 교육부는 모든 대학이 우수한 대학으로 발전할 수 있도록 도우면 되는 것이다. 정상적 경제 발전을 위해서는 금융 기관의 자율성을 높이고 기업들의 자유로운 시장 경쟁에 맡겨야 하듯이, 교육도 일찍부터 모든 기능과 책임을 학교로 돌리는 작업을 진행했어야 했다.

왜 과외가 사라지지 않는가. 학부모들의 불필요한 욕심 때문이다. 지금도 거리를 지나다 보면 예체능 학원은 물론이고, 국어, 수학, 영어, 과학, 사회 등 모든 과목의 학원이 즐비하다.

과외에 대해 부모들이 알아두어야 할 것이 있다. 과외를 전담하는 학원이나 개인 교사들이 대부분 학교 교사들보다 우수하다고 볼 수 없으며 또 교육적 측면에서 도움이 되지 않는 경우가 많다는 점이다. 무엇보다 중요한 것은 학교에서 받는 정상적인 교육이며, 그 이상의 교육이 반드시 필요한 것은 아니라는 점을 인식해야 한다.

물론 예체능 분야나 외국어 과외처럼, 일반적으로 필요하다고 여겨지는 경우도 있다. 시간과 능력에 여유가 있는 학생들이 이러한 과외를 선택하는 것은 어느 정도 수용된다.

그런데 한 어린이가 음악 과외 공부를 받았다고 하자. 이 어린이는 실력과 지도력이 부족한 개인 교사에게서 과외를 받았기 때문에 이다음에 정말 좋은 선생의 지도를 받기가 어려워질 수도 있다. "네가 지금까지 공부한 것을 다 버려야 음악 공부를 제대로 할 수 있는데, 그 잘못된 습관 때문에 나는 너를 가르칠 수 없다"고 거절당하는 경우가 얼마나 많은지 모른다. 그 어린이는 음악적 소질이 풍부했다. 그러나 잘못된 방식의 과외 지도 때문에 그 소질이 병들어 버린 것이다.

미술의 경우도 마찬가지다. 기초를 갖추지 못한 채 그림에 뛰어들게 했을 때 받는 피해는 너무나 크다. 여기 테니스를 배우려는 한 사람이 있다고 하자. 정식으로 테니스를 쳐본 적이 없는 선생에게서 제멋대로 배우게 되면 그 사람은 잘못된 자세가 몸에 배어 좋은 선수로 자라지 못한다. 스스로 불행을 자초한 결과가 되는 것이다.

과외 공부도 개인 교사나 학원을 잘못 선택하면 그로 인한 교육의 피해가 너무 크다. 그래서 외국에서는 소질과 개성에 따라 정규 과목 이외의 공부를 더 하고 싶은 학생에게는 학교에서 과외로 지도해 준다. 그때 능력과 자질에 손색이 없는 전문가들이 과외 수업을 맡는 교사로 초청된다. 즉, 우수한 실력을 갖춘 사람이 지도를 담당한다.

그와 동시에 여름방학이 되면 저명한 선생들을 모시고 특별 캠프를 운영한다. 대개 초등학교 어린이들은 테니스 캠프, 미술 캠프, 음악 캠프, 외국어 캠프 등에 참여해 기초 훈련을 받으며 다양한 경험을 쌓는다. 이러한 캠프에 다녀온 학생들은 학교에서 배운 내용을 바탕으로 더 깊이 있고 질적인 수련을 쌓을 수 있다. 이때 지도 교사는 전문가로 구성되며, 경우에 따라서는 이름난 명사들이 초청되기도 한다.

이처럼 과외 공부란 본래 목적이 아니라 성장을 보충하기 위한 한시적 선택에 불과하다. 서툰 의사에게 환자를 맡길 수 없듯이, 학부모는 자녀 교육을 위한 교사나 학원 선택에 각별히 신중해야 한다. 실력이 부족한 의사에게 자녀의 건강을 맡길 수 없는 것처럼, 교육 역시 아무에게나 맡길 수 없는 일이다.

과외 공부의 큰 비중을 차지하는 곳은 재수생들을 위한 입시 학원이다. 입시 학원을 다니는 목적은 첫째, 대학에 들어가기 위해서고 둘째, 명문대에 가기 위해서다. 입시 학원이 엄청나게 많아졌고, 명문 학원이라는 평가를 받는 입시 학원에 들어가기 위해서는 또 시험을 치러야 할 정도가 되었다. 또한 입시철이 되면 '입시 전문가'라 불리는 특수 전문인들까지 등장하게 되었다. 선진국에 가면 입시 전문가라는 말 자체가 존재하지 않는다. 우리 사회가 만든 기이한 현상 중의 하나다.

그런 분위기에서 재수는 예삿일이 되었고 삼수까지도 당연한 듯이 생각한다. 그러나 생각을 바꾸어 보라. 입시를 위해 똑같은 공부를 1년이나 2년씩 반복한다는 것이 본인과 사회를 위해 얼마나 큰 손실인가. 한창 성장해야 할 청소년의 기간을 같은 자리에 오래 머물게 한다는 것은 상상할 수 없이 큰 손실이다. 대학 간판만 고집해서 1년을 허비하기보다 자기 적성에 맞는 학과에 들어가서 정상적인 교육을 받는 것이 더 나은 일이 아닐까?

독일 대학에서는 교수를 따라 대학을 선택하며, 미국에서는 학과를 따라 대학을 선택한다. 그런데 우리는 명문대라는 인식 때문에 교수나 학과와는 상관없이 대학 이름만 보고 선택한다. 그 결과는 원하지 않는 학과에 가서 공부를 제대로 못 하는 불행을 낳는다. 재수, 삼수로 세월을 낭비하고 대학에 가서 4년을 즐겁게 보내지 못한다면 그 인생에 미치는 손실이 얼마나 막대한가.

재수 때문에 잃어버리는 시간과 정력을 대학에서 쓸 수 있도록 해야 한다. 그리고 자기 소질과 개성에 맞는 학과를 택하면 어느 대학에 가든지 성공을 거둘 수 있는 체계를 마련해야 한다.

물론 우리의 관습과 제도가 하루아침에 바뀌거나 정상화될 수는 없다. 그러나 그 길이 정당하기 때문에 언젠가는 가야 할 길인 것이다. 이제는 대학교수의 질적 수준이 평준화된 지 오래다. 오히려 서울의 명문대 교수들이 학문과 실력에서 뒤처지고 지방 대학 교수들의 수준이 점차 높아지고 있다. 선배들보다 우수한 학자들이 지방 대학으로 흩어져 갔기 때문이다. 교육과 학문의 질적 내용을 따진다면 명문 대학을 선택하는 것이 오히려 잘못된 길일 수도 있다.

결론적으로 과외 공부는 신중하게 선별해서 좋은 개인 교사 밑에서 도움을 받도록 해야 한다. 그 분야에서 학교 교사보다 우수한 실력과 지도력을 갖추고 있을 때만 자녀를 맡겨야 한다.

그리고 한 학생에게는 한 가지 과외 공부만 허용하는 것이 바람직하다. 두세 가지 과외를 병행하게 되면 학교 교육에 집중하기 어려워지고, 오히려 성격 형성이나 진로 결정에 부정적인 영향을 줄 수 있다.

과외 과목은 학생의 여력과 특성에 맞춰 선택해야 하며, 일반적으로 예능이나 어학 분야가 적합하다. 그 외의 과목은 학교 교육 안에서 해결하도록 지도해야 한다. 여러 분야를 모두 잘하게 하려는 욕심은 아이의 미래를 망칠 수 있으며, 인생에서도 두 마리 토끼를 쫓는 실수를 범하는 일이다.

　무분별한 과외 공부 열풍은 장기적으로 교육의 부작용과 실패를 초래할 소지가 크다. 진정한 사회 지도자는 스스로 성장한 인물이며, 타인의 과도한 도움에 의존한 사람은 유능한 지도자가 되기 어렵다.

　과외 공부 역시 주입식이나 의존적인 방식이 아니라, 자발성과 자기 주도적 성장을 돕는 방향으로 제한되어야 한다. 결국 과외는 적을수록 좋고, 많을수록 손해가 되는 것이 일반적이다. 과외를 많이 받은 학생일수록 창의력과 독립성을 갖춘 인재로 성장하기 어렵다는 점을 다시금 인식해야 한다.

폭력을 멈추는 힘은
처벌이 아닌 관계 회복

오래전 한 방송국에서 학원 폭력을 근절하기 위한 대책 마련에 대해 장황할 정도로 긴 시간을 방송한 적이 있다. 주제는 만연하고 있는 학원 폭력을 어떻게 억제할 수 있는가였다. 중병에 걸려 있는 환자를 놓고 처방책을 강구하는 시간이었다.

폭력은 정치·사회적으로 언제나 벌어지고 있다. 그래서 한때는 범죄와의 전쟁이 선포되기도 했다. 그러나 범죄는 줄어들지 않고 있다. 그것은 마치 매달려 있는 연추(鉛錘)를 밀치면 반동이 오고 더 강하게 밀치면 더 큰 반동이 오는 것 같은 역효과를 가져왔다.

청소년의 학원 폭력을 처벌하는 것도 비슷한 결과를 초래하지 않을까 걱정스럽다. 경찰이나 검찰까지 동원된다면 그것은 결국 법의 힘에 의존해 해결하겠다는 데까지 이른 것이다.

선진국에서는 이런 문제를 어떻게 해결할까?

오래전 뉴욕에서 겪었던 일이다. 당시 어떤 범죄 행위가 유행병처럼 번지고 있었다. 언론과 사회는 그 범죄 행위를 파헤쳐 시민들에게 문제의식을 심어 주었고, 이어서 그 원인이 어디에 있는지를 추적하고 분석했다. 몇 가지 원인이 밝혀지자 이를 제거하여 범죄의 뿌리를 뽑아 버렸다. 어느 정도 시간이 흐르자 극

심했던 범죄 행위는 자연스럽게 사라지게 되었다. 그러면서 시민들은 한때 그 범죄 문제로 힘들었지만 이제 다시 평온한 시절로 돌아왔다고 위안을 얻었다.

　모든 사회 문제가 그렇듯이 학원 폭력 또한 마찬가지다. 지금 우리는 문제의 원인을 제거하지 못하거나 오히려 그 원인을 제공하면서도 결과만 치료하려 애쓰고 있다. 그 결과, 자연히 사라질 수 있는 사회 문제조차 오히려 더 오래 지속되는 역효과를 낳는 경우가 발생한다.

　학원 폭력과 관련된 원인 중 첫 번째는 바로 어른들의 반사회적이고 비도덕적인 범죄와 패악한 행위다. 다시 말해, 청소년들에게는 금하고 있는 범죄와 패악한 짓을 어른들이 무책임하게 저지르고 있는 현상을 먼저 바로잡아야 한다. "벌은 어른들에게, 사랑은 청소년들에게"라는 표어를 공공연히 말하는 사회가 되어야 한다.

　철없는 국회의원들이 의정 단상에서 폭언과 폭력을 일삼는 모습, TV 프로그램에서 폭력을 소개하고 미화하는 장면, 만화나 비디오에서 폭력을 즐기게 하는 상술, 심지어는 청소년을 돈벌이 수단으로 삼는 범죄 행위들까지. 이런 것들이 시정되지 않는 상황에서 학원 폭력만 억제하겠다는 것은 마치 불어오는 바람을 휘장 하나로 막아 보려는 어리석음과 다르지 않다.

　두 번째는 가치관의 붕괴와 그로 인한 공백 상황이다. 기성세대가 오랫동안 지켜 온 선악의 가치 기준이 무너졌고 어린이와 청소년들에게 심어 주어야 할 올바른 가치관은 거의 사라진 상태다. 오늘날 어느 가정에서도 무엇이 선하고 무엇이 악한지 알려주는 부모를 찾아보기 힘든 실정이다. 학교에서도 선생님들은 "이것은 해도 되는 일이고, 저것은 해서는 안 되는 일"이라고 분명히 가르쳐 주지 못한다.

아이들에게 교회에 가라고 권하면서도, 친구와 이웃을 위해 무엇을 해야 하는지는 이야기해 주지 않는다. 함께 절에 가자고 권하는 불교도는 있어도, 친구나 약한 사람을 어떻게 도울 수 있을지 상의하는 종교인은 찾아보기 어렵다.

감각적이고 즉흥적인 본능에 따라 움직이는 청소년들에게, 이성적으로 사고하고 대화를 통해 객관적 가치를 찾아가는 모범을 보여주는 기성세대를 찾아볼 수 없다. 오히려 기성세대들은 신세대들의 뒤를 따라가면서 비위를 맞추기에 급급하고, 정치인들은 선거에서 표를 얻기 위해 도덕적 규범마저 흔들고 있다. 그 결과, 존경받을 만한 어른이나 진정한 지성인이 사라지고 말았다. 이 모든 현상은 가치관의 붕괴와 그로 인한 공백에서 비롯된 것이다.

그렇다고 학원 폭력을 단지 치료에만 의존한 채 무책임한 상태로 내버려둘 수는 없다. 이제는 그 병의 원인이 되는 교육적 결함이 어디에 있는지 찾아야 한다. 그리고 학교 교육에서 다시 시작해야 할 과제가 무엇인지 깊이 성찰해야 한다.

이야기 하나를 소개한다. 오래전 일본에서 있었던 일이다. 어느 중고등학교의 교사가 학교에 사표를 내고 나왔다. 그러고는 도쿄 변두리의 공터에 버려진 낡은 버스들을 모아 교실로 만들었다. 폐차된 버스 한 대가 하나의 교실로 탈바꿈한 것이다.

이 교사는 여러 중고등학교에 연락을 취해, 학교에서 문제를 일으켜 퇴학당한 학생들을 알려 주거나 이곳으로 안내해 달라고 요청했다. 그렇게 여러 학교에서 퇴학당한 학생들이 하나둘 모여들기 시작했다. 교사는 뜻을 함께하는 동료들의 도움을 받아 학교에서 쫓겨난 학생들을 다시 가르치기 시작했다. 어떤 학생은 원래 학교로 돌아가게 도와주고, 어떤 학생은 새 학교로 전학 가도록 도왔다. 학부모와 함께 학생들의 장래를 고민하며 지원을 이어갔다.

이러한 노력의 결과로 이 '버스 클래스'를 통해 많은 청소년이 올바른 방향으로 다시 나아가는 계기가 되었고, 이 이야기는 사회적으로 널리 알려지게 되었다.

당시 일본은 중고등학교 내의 폭력 등 청소년 범죄 문제가 사회적으로 큰 관심을 모으고 있었고, 어떻게 하면 바람직한 교육을 실현할 수 있는가에 대한 여론이 높아지기 시작했다.

언론에서는 교육부 책임자, 저명한 교육학자, 교육계 원로, 학교 교장, 교육 평론가 등 다양한 인사들의 의견을 수렴하다가 이 '버스 클래스'를 운영하던 교사에게도 청소년 문제를 해결할 가장 좋은 방법이 무엇인지 물었다.

그때 이 교사는 '미니 스쿨' 운동을 전개해야 한다는 명쾌한 해답을 제시했다. 그는 일본 경제가 성장한 만큼 교육 투자를 크게 늘려서, 현재 운영되고 있는 대규모 학교들을 두세 개의 소규모 학교로 나누고 앞으로 세울 학교도 소규모로 전환해야만 지금의 교육 문제를 해결할 수 있다는 확고한 주장을 펼쳤다.

흥미롭게도 수많은 교육 전문가의 판에 박힌 견해들이 있음에도 불구하고, '작은 학교'를 주장한 버스 클래스 교사의 의견이 받아들여져 교육 개혁의 결론으로 이어지는 계기가 되었다.

그 이후 일본에서는 '미니 스쿨' 운동이 활발하게 전개되었다. 우리나라에서도 뒤늦게 이 문제가 논의되었으나 운동장의 크기나 유무, 학교 운영을 위한 최소한의 기초 조건 등에 대한 논의에 머물다 흐지부지된 것으로 기억한다.

그렇다면 작은 학교가 할 수 있는 역할은 무엇일까? 한마디로, 사랑과 인간적 교류가 있는 교육이 가능해진다. 선진국처럼 한 학급당 학생 수를 20명 정도로 줄이고, 전체 학생 수가 200명을 넘지 않도록 학교 규모가 작아진다면 어떻게 될까? 교사와 학생은 서로 충분히 이해할 수 있고, 교감이나 교장 선생님도 전교생을 다 알 수 있을 정도가 되어 학교는 가정처럼 따뜻하고 사랑이 넘치는 분위기로 바뀔 수 있다.

내가 중고등학교에 다니던 시절에는 한 학급에 50명 정도가 있었고, 전체 학급 수는 10개에 불과했다. 매일 아침 예배를 겸한 전교생 모임이 있었기 때문에 사제지간은 물론 학생들 간에도 서로 잘 알고 지냈다. 특히 기숙사 생활을 하다 보니 상급생과 하급생이 한방에서 지내며 형제애 같은 분위기가 형성되었다.

우리 반 친구들의 취미나 소질을 아는 것은 물론, 문학을 즐기는 상급생 형들과 음악적 소질이 뛰어난 하급생 동생들이 한데 섞여 지내곤 했다. 이처럼 인간적 유대와 사랑의 교류가 조용히 교육의 기틀을 형성해 갔다. 따뜻한 인간관계 속에서 사랑이 있는 교육이 실천되었던 시절이었다.

선진국, 특히 유럽이나 미국에서는 규모가 큰 학교를 찾아보기 어렵다. 대부분 학급당 20명 정도로 구성되어 공부하고 있다. 그러니까 교사와 학생 간은 물론 친구들끼리도 친교가 자연스럽게 이루어지며, 서로의 개성과 장단점을 잘 이해하면서 성장한다. 선생님이 학생에게 "너는 대학에 가는 것보다 직장을 택해 기술자가 되는 것이 좋겠다"라고 조언하면, 학생은 주저하지 않고 그 뜻을 따른다. 이는 진심 어린 애정이 담긴 권고이기 때문이다.

이처럼 서로를 알고 사랑을 나누는 생활과 교육이 이루어지기 때문에 자연스럽게 학생들 사이에 비밀이 사라지고 공동체 의식이 형성된다. 또한 교사들도 학생들이 대학에 진학한 이후에는 시간과 여건에 제약이 있으므로, 중고등학교 시절에 서클 활동을 충분히 경험하며 풍부한 인간관계를 맺을 수 있도록 신경써야 한다.

한마디로, 작은 규모의 학교에서는 공감과 사랑이 있는 교육이 가능해진다. 이러한 생활이 폭력은 물론 범죄 행위까지 줄이는 계기가 될 수 있다.

중소 도시에는 범죄 행위가 적은 반면, 대도시에는 범죄가 많은 경향이 있다. 이는 대도시일수록 인간적 교류와 사랑의 소통이 약해지기 때문이다. 서로를 잘 알고 지낸다면, 악을 저지를 기회나 여건이 생기기 어렵다. 하지만 온종일 거리를 쏘다녀도 아는 사람 하나 없는 대도시에서는 범죄가 발생할 가능성도 그만큼 높아질 수밖에 없다.

따라서 '작은 학교' 운동을 통해 사랑이 있는 교육을 실현하기를 바란다. 물론 학교가 작아져야만 사랑이 있는 교육이 가능한 것은 아니다. 학교 규모를 줄이는 것은 그러한 교육을 위한 여건을 만들어 주는 계기가 될 뿐이다. 또한 규모가 큰 학교라고 하더라도 모든 교사가 가르치고 성적을 평가하는 역할에만 그치지 않고, 사랑이 있는 교육을 실천하며 버림받은 학생들을 위해 마음을 쓴다면 문제는 새로운 방향으로 해결될 수도 있다. 모든 교사가 폭력을 일으키는 학생들을 내 자식처럼 사랑해 보자. 그 학생들은 분명히 폭력에서 벗어날 수 있을 것이다.

교육은 사랑이다. 학생에 대한 애정을 잃은 교사는 이미 교육자의 자격을 잃은 것이나 마찬가지이므로 교육을 그만두는 편이 옳다. 자식을 위하지 않는 부모가 더 이상 부모 자격이 없는 것과 같다.

나는 오십 평생을 교육에 헌신하며 한 가지 깨달은 것이 있다. 바로 '사랑은 지혜를 낳는다'는 것이다. 진정한 사랑만 있다면 폭력을 근절할 수 있는 지혜로운 방법은 언제나 뒤따르기 마련이다.

대학 숫자가 배움의 질을
보장하지는 않는다

세계에서 교육열이 가장 높은 나라는 한국이라고들 말한다. 하지만 그것은 진정한 교육열이라기보다는 교육에 대한 욕심이라고 보는 편이 더 정확할 것이다. 그 욕심 중의 하나가 대학에는 꼭 가야 한다는 강한 열망이다.

지금 우리나라는 인구 대비 대학 수가 세계에서 가장 많은 나라 중의 하나로 알려져 있다. 해마다 수십만 명의 젊은이가 대학 입학을 위해 수능 시험에 응시하고 있다. 대학에 가지 않으려는 젊은이는 거의 없다고 봐도 무방할 것이다.

세계에서 교육 수준이 가장 높고 균형 잡힌 나라들은 주로 유럽 지역에 있다. 유럽 국가에는 대학 등록금이 없거나 적으며, 오히려 대학에 소속된 이들은 대학 교육 외에도 사회보장 혜택까지 더 누리는 경우가 많다.

나는 독일에 가면 가끔 대학 식당에서 식사하곤 한다. 일반 식당에 비해 가격이 절반 정도인데, 이는 나라에서 보조금을 지급하고 있기 때문이다. 그래서 나는 학비 때문에 어려움을 겪거나 장학금을 받지 못하는 제자들에게는 비싼 등록금을 내야 하는 미국 대신 독일이나 프랑스로 유학 가라고 권한다.

네덜란드 같은 경우는 연구 중심 대학이 13곳, 실무교육 중심 대학이 약 40곳으로 전체 50여 곳에 불과하다. 약 330곳의 대학이 있는 우리나라와 비교하면 월등히 적은 수치다. 그만큼 대학에 진학하는 학생 수가 매우 적고 실용적인 기술 교육을 더 중시한다는 뜻이다. 그래도 그들의 삶의 질과 수준은 우리와 비교할 수 없을 정도로 높다.

선진국에서는 고등학교 졸업반 한 학급에 보통 20명 정도의 학생이 있다. 그중 대학에 진학하려는 학생은 평균 10명 미만이고, 나머지 학생들은 대학에 가지 않는다.

그런데 우리나라의 고등학교 졸업생과 유럽 국가들의 고등학교 졸업생들을 비교해 보면, 여러 면에서 우리 졸업생들이 크게 뒤처지는 경우가 많다. 그들의 고등학교 교육은 학생들이 사회인으로 성장하여 살아갈 수 있는 기초 교양과 소질을 갖추도록 이끄는 데 중점을 둔다.

반면 우리나라의 고등학교 교육은 대학 입시 준비에만 치중하여 그 자체가 균형있는 교육의 역할을 하지 못한다. 그저 수능 시험을 위한 지식 훈련의 장에 머물고 있다. 결과적으로 같은 고등학교를 졸업했음에도 우리는 그들에게 뒤처지고 있으며, 삶의 질과 행복도 그들과 비교할 수 없을 만큼 차이가 나는 것이다.

서구 사회 중에서는 미국의 젊은이들이 비교적 대학을 선호하는 편이지만, 우리나라에 비해 그 수는 현저히 적다. 미국도 사립 대학에 비해 주립 대학의 등록금은 매우 저렴하다. 부모가 세금을 내는 주에 소재하는 대학에 진학하는 경우 학비가 거의 무료다. 미국 대학생들은 학부 4년 동안 기숙사에서 생활해야 하므로 생활비가 등록금보다 더 큰 비중을 차지하지만, 그렇다고 해도 대학에 지원하려는 학생 수는 많지 않다.

미국에서는 정부가 젊은이들에게 대학 진학을 권장하는 편이다. 고등학교를 졸업한 청년들이 향후 3~4년 동안 어떤 삶을 선택하는 것이 가장 바람직한지 살펴보았을 때, 그 시기에 대학 생활을 하는 것이 가장 좋다고 판단하기 때문이다.

그래도 고등학교를 나오면 한 사회인으로 살아갈 수 있다고 믿기 때문에 일찍 직장을 구하는 젊은이들이 더 많다.

그러면 누가 대학에 가는가. 지적인 전문직을 원하는 사람들이다. 의사, 법관, 변호사, 교수, 전문 연구원이 되려는 사람들은 대학을 택한다. 그렇지 않은 젊은이들은 대학보다 직업을 먼저 택하고 그 분야에서 전문인이 되기를 원한다. 필요한 공부는 그 다음에 해도 된다고 생각한다. 따라서 사회에서 활동하는 대부분의 사람들은 고등학교를 나오고 전문기술을 갖춘 사람들이다.

그들은, 사회는 다양한 기능과 역할을 요청하고 있으며 그중에는 대학을 나와 지적 능력이 필요한 직업도 있으나 그렇지 않은 직업이 더 많고 거기에서 전문인으로 성공하면 된다는 생각을 갖고 있다.

그들이 대학을 선택하지 않는 또 다른 이유는 대학 공부가 대단히 어렵기 때문이다. 하루에 네 시간 정도밖에는 잠을 자지 못하고 공부해야 수업을 따라갈 수 있다. 한 과목을 수강하기 위해서는 일정 수준 이상의 독서를 요구하는 학교가 대부분이다. 그러고도 학점이 미달하면 가차 없이 쫓겨난다. 대단한 각오와 소질과 흥미를 갖지 않는 한 대학에 도전할 엄두를 내지 못한다.

미국에서 대학에 다니면서 조정 경기 선수로 활동하는 어느 청년이 한국에 왔을 때 "너희 대학은 공부를 엄청 많이 시키는데 언제 연습해서 조정 경기 선수가 되었느냐"고 물었더니 매일 새벽 5시부터 세 시간씩 연습했다고 대답했다. 그 대학에서는 운동선수라도 성적이 일정 기준을 넘지 못하면 학교에 붙어 있지 못한다.

이에 비하면 우리 대학생들은 대학에 놀러 가는 셈이다. 대학에서의 소중한 시간을 깊이 있는 공부에 매진하기보다는 취미나 다른 활동에 더 열중하며 여유롭게 보내곤 한다. 그런 상태로 졸업했기 때문에 사회가 요청하는 일을 감당할 자질과 능력을 갖추지 못한다. 대학생다운 대학 생활을 하지 못한 채 졸업을 하다 보니 학벌을 갖춘 실업자가 늘어나며 대학 출신은 많으나 쓸모 있는 사람은 없다는 비판을 받는다.

일반 기업체에서 대졸 신입 사원을 선발할 때 경쟁률이 50대 1, 70대 1에 이르는 경우도 많지만, 실제로 최종 선발된 인재들을 보면 경쟁률이 5대 1이나 10대 1일 때와 비교해 특별히 더 뛰어난 경우는 드물다. 대학 졸업자를 양산만 했을 뿐이지 질적인 성장이 없었기 때문이다. 수많은 대학이 설립되고 매년 수십만 명의 대학 졸업자가 쏟아져 나오지만 사회에는 별로 도움이 되지 못한다. 대학을 나온 사람들이 인생을 행복과 성공으로 이끌지도 못한다. 많은 교육 투자가 이루어졌음에도 우리는 여전히 정신적 후진국의 수준을 넘어서지 못하고 있는 실정이다.

우리도 대학은 필수 과정이 아니라 선택 과정이라는 생각을 보편화해야 한다. 그런 의미에서 고등학교를 졸업한 젊은이들이 4년제 대학보다 전문대학을 거쳐 자신이 택한 직업 분야에서 전문인이 되고 교양과 자기 성장을 위해 평생에 걸쳐 계속 노력할 수 있으면 되는 것이다.

나는 1972년 미국에 방문했을 때 자동차 정비 기술자로 일하던 고향 후배를 만났다. 고등학교를 졸업하고 베트남전 참전 당시 기술 자격을 취득하여 다섯 식구가 미국으로 이민을 갔다. 기술자였던 그는 당시 한 달 수입이 1,800달러 정도 되었다. 반면, 연세대학교에서 영문과, 법학과, 교육학과를 졸업하고 미국에 간 제자들의 한 달 수입은 600달러를 밑돌았다. 미국에서는 단순노동을 하더라도 기계를 다루는 일이 대부분이었기 때문에 전문 기술이 없던 그들은 고정된 직업을 갖기 어려웠다.

미국에서 간호사는 기술직으로 분류되어 이민을 쉽게 갈 수 있었는데, 부인이 간호사인 제자들은 부인을 따라 함께 이민을 간 경우였다. 당시 간호사의 한 달 수입이 1,000달러 정도였기에 가족의 기본 생활에는 지장이 없었지만, 남편인 제자들의 생활은 바람직하지 못했다고 할 수 있다.

이것이 당시 선진국의 추세였으며, 우리나라도 머지않아 이런 사회적 분위기로 바뀔 것이다. 공부는 나중에도 할 수 있지만 직장을 갖는 것이 선결 조건인 시대가 오고 있는 것이다. 또한 전문 기술자나 숙련된 전문인들은 직장에서 명예퇴직이나 감원의 대상이 되는 경우도 거의 없을 것이다.

덴마크는 UN에서 해마다 선정하는 '삶의 질이 가장 높은 나라'에 계속 이름을 올릴 정도로 세계에서 가장 살기 좋은 나라로 평가받고 있다. 덴마크에 우리나라처럼 대학이 많이 있는 것도 아니고, 의무 교육을 마친 젊은이들이 대학 진학을 선호하지도 않는다. 그 대신 덴마크는 교육세를 많이 걷어 지역사회 학교를 보편화했다. 고등학교를 나온 젊은이들이 직장에 들어가 사회생활을 하다가 새로운 배움이 필요하다고 생각되면 언제든지 지역사회 학교로 가서 원하는 수업을 들을 수 있다. 이는 우리나라의 야간 대학에 해당하는 제도다.

이 학교에서는 어떤 공부든 할 수 있다. 필요한 기술 교육은 물론이고, 역사·사회학·철학 등 다양한 분야를 공부할 수 있다. 가을부터 여름 이전까지 8개월 동안 공부할 수 있으며, 고등학교 졸업생뿐만 아니라 배움의 필요를 느끼는 노인들도 참여할 수 있다.

덴마크가 세계에서 가장 살기 좋은 나라가 된 이유는 바로 국민 전체가 고르게 성장했기 때문이다. 결국 국민이 성장하는 만큼 사회와 국가도 함께 성장하게 된다. 중요한 것은 대학의 수가 아니다. 국민이 얼마나 고르게 성장했는가가 핵심이다.

한때 캐나다와 일본도 세계에서 살기 좋은 나라에 꼽혔다. 그 두 나라 모두 국민의 교육 수준이 고르게 높아진 국가들이다. 그 점에서는 미국이 캐나다나 일본을 따라잡기는 쉽지 않을 것이다. 국민이 성장한 만큼 사회도 좋은 방향으로 성장할 수 있기 때문이다.

우리의 경우 그렇게 많은 대학을 갖고 있으면서도 국민의 수준은 유치할 정도로 뒤처져 있다. 학교는 많아도 교육다운 교육이 이루어지지 못하고, 교육의 파행이 인간 성장을 저해하고 있기 때문이다. 학교에서 글은 배웠으나 살아가는 데 필요한 기초 교양은 부족하고, 대학을 나온 사람들조차 사회생활에 필요한 기본 자질을 갖추지 못하고 있는 실정이다.

부모의 말과 행동이
아이의 무의식을 만든다

생각이 있는 사람은 이렇게 말한다.

"프로이트(S. Freud)를 모르는 사람이 신부가 되고 목사나 승려가 된다면 그것은 신도들과 종교계에 큰 불행이다", "프로이트의 정신분석학을 공부하는 것이 페스탈로치나 어떤 교육학자의 학설을 공부하는 것보다 중요하며 프로이트를 모르면서 교사가 된다는 것은 있을 수 없는 일이다", "한국의 어머니들이 프로이트의 이론을 안다면 틀림없이 신경증(노이로제) 환자가 훨씬 줄어들 것이다."

인간을 이해하지 못하면서 종교 지도자가 되고 교육자가 된다는 것은 있을 수 없다는 뜻이다.

세계적으로 유명한 정신분석가이자 철학자이며 사상가인 에리히 프롬은 우리 시대에 가장 큰 영향력을 미친 인물로 사회 문제에서는 칼 마르크스를, 인간 이해에서는 지그문트 프로이트를 꼽았다. 그만큼 인간 이해의 가장 큰 문제를 풀어 준 사람이 프로이트였다.

나는 그의 학설을 다 설명할 수는 없다. 그러나 핵심적인 한 가지를 교육적 견지에서 소개한다면 이렇다.

바다 위에 남산만큼 큰 빙산이 떠 있다고 하자. 빙산을 모르는 사람은 눈에 보이는 바다 위에 떠 있는 부분이 빙산의 전부인 것으로 착각한다. 그러나 바닷속에는 드러난 부분의 몇 배나 되는 빙산이 잠겨 있다. 단지 그것이 보이지 않으므로 없다고 착각할 뿐이다. 그러나 빙산을 잘 아는 사람은 더 큰 몸통에 해당하는 물에 잠긴 부분에 관심을 쏟는다. 우리의 정신 작용을 이루는 의식 구조가 바로 그런 성격의 것이다.

우리는 스스로 생각하며 주변 사람과 대화를 나눈다. 그리고 내가 아는 것이 의식의 전부라고 쉽게 생각해 버린다. 그러나 사실은 드러난 의식보다 몇 배나 더 크고 강한 의식이 그 아래 숨겨진 채 작용하고 있다. 드러나지 않고 스스로 파악할 수 없기 때문에 없다고 착각하는 것이다. 의식 아래 깔려 있는 의식, 드러나지 않고 알려지지 않은 의식을 프로이트는 무의식 또는 잠재의식이라고 보았다. 따라서 의식 작용의 주체는 우리가 자각하고 있는 의식이 아니고 그것을 움직이는 잠재의식 또는 무의식이다.

그리고 의식 중에서도 내가 나를 극복하며 초월하려고 하는 초자아는 의식의 극히 작은 부분을 차지할 뿐이다. 인간이 동물과 다른 점은 잠재의식이나 무의식보다 앞서 있고, 의식의 작은 부분을 차지하는 초자아가 작동하고 있다는 점이다. 초자아는 도덕적이고 윤리적인 방향을 제시하는 역할을 하기에 욕망과 본능을 억제하고라도 가치 있는 선택을 해야 하며 때로는 나를 희생시켜서라도 이웃과 사회를 도와야 한다는 판단을 내리게 한다. 여기서 문제가 생긴다.

목사나 승려는 신도들에게 지극히 작은 초자아를 향해 설교하거나 설법한다. 그러면 신도들은 곧 받아들인다. "옳습니다. 그렇게 해야 합니다", "나에게 피해가 되더라도 하나님이나 부처님의 뜻을 따라 순종하겠습니다"라고 공감하며 수긍한다. 그 내용은 초자아를 통해 그대로 양심이나 죄의식 등 의식 세계로 전달된다. 그래서 회개했다든지, 깨달음이 있었다고 스스로 인정해 버린다.

그러나 그 밑에 깔려 있는 강한 무의식이나 잠재의식은 움직이지 않는다. 자각도 없으며 변화도 생기지 않는다. 그런데 이 잠재(무)의식은 본능, 욕망, 생명욕으로 이루어져 있다. 따라서 설교나 설법은 들었을 때만 기억에 남을 뿐 곧 본능과 욕망이 더 강하게 작용하여 결국은 초자아의 판단을 소멸시켜 버린다. 그래서 설교하던 신부가 여성과 부적절한 관계에 빠지게 되고, 불법을 강론하는 승려가 본능과 욕망의 노예로 되돌아가는 경우가 생긴다. 불교에서는 그 잠재(무)의식과의 투쟁을 죽을 때까지 지속해야 한다고 가르치기도 한다.

그러면 현대인들의 대부분이 걱정하고 있는 신경증이라는 병은 왜 생기는가. 초자아가 요구하는 양심과 잠재의식에 깔려 있는 욕망 사이에 갈등이 심해져 해결의 길이 막혀 버릴 때 생기는 것이다. 그 갈등이 심해질수록 병세도 강화되기 마련이다.

정신과 병원에 가보면 환자의 상당수가 종교인들이다. 절에서 기원을 드리는 사람이나 기도원에 모여서 피곤할 정도로 신앙적 해탈을 갈망하는 사람들을 보면 대개 신경증에 걸린 사람들이다. 내가 잘 아는 정신과 의사는 자기가 취급하는 환자의 60~70%는 종교인들이라는 사실을 알려 주었다.

아마 불교의 기본 수양 과정인 8정도(正道)나 4선(禪)의 뜻을 아는 사람들은 이 심리학적인 학설을 대부분 수용할 것이다. 종교는 보이지 않는 잠재(무)의식을 배제한 초자아 의식의 상태에 머무는 것을 지향하지만 그것은 인간의 본성을 모르는 불행을 초래할 뿐이다.

그렇다면 이런 잠재의식은 부모와 자녀 사이에는 어떤 형태로 적용되어 나타날까? 어머니들은 자기가 젊었을 때 갖고 있던 이상과 꿈이 좌절되었기 때문에 그 꿈을 하나밖에 없는 딸을 통해 이루려고 무리한 요청을 한다. "너는 나처럼 되지 말고 어떻게든 네 이상을 실현해야 한다. 그러기 위해서는 우수한 대학에 가야 하며 학과에서 최고 성적을 받아야 한다"고 강요한다.

처음에 딸은 그 요청에 따라 노력해 본다. 그러나 다른 학생들과 비교했을 때 그 요청을 실현하는 것은 어렵고 불가능하다는 사실을 깨닫기 시작한다. 그리고 자기 삶과 개성과 희망이 무너지는 비참함을 느끼게 된다. 어머니의 삶을 대신 사는 것 같은 허무한 감정을 갖는다. "나는 엄마 때문에 공부하는 거야"라는 볼멘소리가 나오게 된다.

그러나 왕성하게 자랄 때는 그것이 병이라는 것을 깨닫지 못한다. 신체 성장이 늦춰지면서 그 갈등이 서서히 병적인 현상으로 발전해 신경증이 된다. 심하면 정신과 의사에게 오랫동안 치료받아야 할 수도 있다.

흔히 현대인들이 우려하고 있는 스트레스가 그렇다. 내가 바라지도 않으며 해결할 수도 없는 정신적 억압이 가해지면 도저히 스스로 지탱할 수 없는 상황에까지 이른다. 그때 잠재의식이나 욕망의 발로가 범죄성을 띠게 되기도 하며 심하면 자살로 이어지기도 한다. 동물은 자살하지 않는다. 정신적 욕망도 없으며 신체적 공포 이외에는 정신적 갈등을 동반하지 않기 때문이다. 이러한 스트레스와 갈등은 어렸을 때부터 일찌감치 형성되고 그 영향은 오래 지속된다.

대개 알코올 중독자를 아버지로 두고 유년기를 보낸 딸들은 남성과의 사랑에서 실패하고 동성애에 빠지는 경우가 많다. 아버지에 대한 공포심이 남성들에 대한 공포심으로 번지며 심지어는 어른이 된 뒤에도 남성에 대한 분노로 발현되는 것이다.

이런 증오와 분노의 감정이 역으로 작용하면 살인으로까지 확대될 수도 있다. 이유 없는 살인인 듯이 보이지만, 그 원인은 어렸을 때 얻어진 것이다.

문제는 이런 원인이 일찌감치 잠재의식 속에 존재하다가 성년이 되어 겉으로 나타나는 데 있다. 그래서 흔히 있는 부부 싸움도 조심해야 한다. 특히 자녀들이 어릴 때는 아이들이 보는 앞에서 부부 싸움을 삼가는 것이 좋다. 특히 어릴수록 그 충격은 마치

금이 간 도자기처럼 씻을 수 없는 상처가 될 수 있기 때문이다. 하지만 어느 정도 인간관계에 대한 이해가 생긴 후에는 부모의 의견 충돌을 보며 자라는 것이 오히려 도움이 된다는 견해도 있다.

성장한 딸이 결혼 후 부부 싸움을 겪을 때, '우리 부모님은 한 번도 싸우지 않았는데, 나는 행복한 결혼 생활을 할 수 없겠구나'라고 좌절하기보다 '우리 부모님도 저런 갈등을 겪었으니 우리 부부도 그럴 수 있다'라고 생각하며 상황을 긍정적으로 바라보는 여유를 가질 수 있기 때문이다. 물론 모든 사람이 같은 것은 아니지만, 특히 예민하고 내성적인 아이일수록 더 큰 충격을 받을 수 있으므로 부모의 세심한 주의가 필요하다.

그렇다고 프로이트적 해석이 모든 것을 결정짓는 절대적인 진리는 아니다. 따라서 해결 가능성이 없을 정도로 심각하다고 생각할 필요는 없다. 인간은 잠재적 원인에 대한 무지로 인해 불행을 겪기도 하지만, 스스로 더 나은 삶을 향해 나아갈 수 있는 방법도 가지고 있다.

그 문제를 자세히 논의하지는 않겠지만, 다음에 제시하는 몇 가지 과제는 한층 더 의미 있게 받아들여질 수 있을 것이다.

첫째, 잠재(무)의식을 완전히 조정하거나 극복할 수는 없더라도 어렸을 때부터 자녀들에게 어떤 행동을 하든 먼저 생각해 본 뒤에 행동하는 습관을 길러 주어야 한다. 생각한다는 것은 초자아가 강하게 작용하도록 돕는 일이다. 그래서 본능과 욕망에 따르는 과오를 억제할 수 있으며 감정에 휩쓸려 충동적으로 행동하는 것에서 벗어날 수 있다.

어리석은 사람은 먼저 행동을 저지르고 나중에 생각한다. 그래서 선하고 의로운 생활을 할 수 없다. 지혜로운 사람들은 먼저 목적과 방법을 충분히 생각한 뒤에 행동한다. 그것이 인간다운 행위와 고귀한 삶으로 우리를 이끌어 가는 것이다.

똑같이 시위를 했는데 어째서 한쪽은 인정받지 못하고 다른 한쪽은 인정을 받는가. 철없는 사람들은 흥분 상태에서 우선 시위부터 가담한다. 그러고는 그 일이 옳았는지 돌아본다. 그런 다음에야 다른 사람의 선동에 넘어갔다는 사실을 알게 된다. 그러나 선진 사회의 시위는 같은 문제를 가지고 충분히 논의한 뒤에 시시비비의 판단을 내린다. 그 과정을 거친 뒤에 행동으로 옮기는 것이다. 그래서 같은 군중의 움직임에도 불구하고 어리석은 군중의 시위와 사회의 잘못을 바로잡는 지혜로운 시위가 구별되는 것이다.

생각이 앞서고 행동이 뒤따르는 태도를 습관화하면 같은 행동이라도 윤리적 성과를 높일 수 있다.

둘째, 인간은 더불어 살아가는 사회적 동물이라는 것을 인식해야 한다. 나무가 홀로 자랄 때는 굽어지기 쉽다. 그래서 버팀목이 필요해지기도 한다. 그러나 나무가 숲에서 함께 자라게 되면 자신도 모르는 사이 바르게 자라 재목 구실을 할 수가 있다.

사람도 그렇다. 혼자 자란 사람들을 보면 프로이트의 견해가 지배적인 것처럼 보이지만, 가족, 친구들, 선한 사회의 정서와 질서 속에서 자라면 자신도 모르는 사이에 바르고 선한 생활을 해나갈 수 있다. 사회 속에서 계속 윤리적 규범으로서의 질서를 배우고 그 질서를 소중히 받아들이게 되는 것이다. 후진 사회에서는 개인들이 제멋대로 행동하며 살지만 선진국에서는 선한 질서가 그들의 삶을 옳고 바람직한 방향으로 이끌어 가게 된다.

마지막 세 번째 중요한 과제는 프로이트의 견해가 과학적 근거가 있고 받아들일 수 있는 이론이기는 하지만, 인간은 그 모든 여건을 극복하고 더 값진 삶으로 발전할 수 있는 자질과 능력도 갖추고 있다는 것을 아는 것이다.

그것은 사랑과 배려라는 자연스러운 공존의 원리다. 사랑은 모든 어려움을 극복할 수 있게 해주며 서로 배려하면서 산다는 것은 인간의 삶을 가장 높은 위치로까지 끌어올릴 수 있는 원동력이 된다. 사실 참다운 종교가 갖고 있는 위력은 여기에 있으며, 교육의 본질과 성공적인 교육의 길이 사랑에 있다고 보는 이유다. 인격적인 사랑의 교류와 배려해 주는 마음, 이것이 모든 난관을 극복하고 참다운 교육을 완성하는 지름길이 되는 것이다.

사람들은 인성 교육을 말한다. 인성의 완성은 성실한 자아 계발과 더불어 사랑이 있는 사귐에서 이루어지는 것이다.

공교육이 끝난 30리 이후가
진짜 인생이다

　인간의 일생을 100리 길에 비유해 생각해 보면 좋을 것 같다. 특히 젊은 세대들을 위해서는 더욱 그렇다. 100리 길을 끝까지 간 사람에게는 성공과 행복이 뒤따른다.

　100리 길 가운데 초등학교를 마치면 10리를, 중학교를 끝내면 20리를, 고등학교를 마치면 30리 길을 기차로 가는 것과 같다. 모든 청소년은 30리까지 기차를 타고 가게 되어 있다. 대학에 진학하지 않는 사람은 기차에서 내려 나머지 70리 길을 스스로 걸어가야 한다. 100리를 가게 되어 있기 때문이다. 대학에 가는 사람들은 10리를 더 기차를 타고 가는 결과가 된다. 그러나 나머지 60리는 반드시 스스로 걸어가야 성공과 행복이 뒤따른다.

　선진국의 젊은이들은 대부분 고등학교를 나온 뒤 직장과 사회생활을 통해 스스로 70리 길을 개척해 간다. 그런데 우리 젊은이들은 그렇지 못하다. 고등학교를 졸업하고 대학에 못 가거나 안 가는 이들은 '나는 대학에도 못 갔는데'라고 체념하기 때문에 나머지 70리 길을 고스란히 포기해 버린다. 10리 길을 가는 기차를 더 이상 타지 못했다고 해서 70리를 포기한다면 그보다 잘못된 일이 어디 있는가.

　대학을 나온 사람들은 또 다른 과오를 범한다. '나는 대학까지 다 나왔는데'라는 생각으로 가야 할 60리를 단념해 버린다. 그러면 그 결과는 어떻게 되겠는가. 둘 다 어리석고 잘못된 생각이다. 그것이 우리를 불행하게 만들었으며 많은 대학을 설립하고도 후진성의 불행을 벗어나지 못한 원인이 되었다. 차라리 그럴 바에는 대학이 없거나 적었을 때 우리 선배들이 걸어 온 발자취를 더듬어 보는 편이 좋을 것이다.

미국도 그러했다. 만일 미국인들에게 가장 존경하는 지도자가 누구냐고 물으면, 조지 워싱턴, 벤저민 프랭클린, 에이브러햄 링컨, 앤드루 카네기, 토머스 에디슨 같은 사람을 꼽을 것이다.

그중에 대학을 나온 사람이 누구인가. 워싱턴은 교회의 주일학교에 다녔고, 프랭클린도 학교 교육을 받은 적이 없다. 그러나 그는 펜실베이니아 대학 설립에 기여했고 미국의 독립선언문을 기초했는가 하면, 그 당시의 대표적인 과학자이자 저술가였다. 링컨도 학교 교육을 받지는 못했다. 카네기도 그러했다. 에디슨은 초등학교 4학년까지 다녔을 뿐이다. 그러나 그들은 90리나 100리 길을 스스로 걸어간 인물들이었고 그들에 의해 미국이 건국되었다.

이렇게 본다면 이전에는 대학을 다니지 않았더라도 뜻있는 청소년들이 인생의 100리 길을 걷는 것을 당연한 것으로 여겼던 것이다.

우리의 역사도 마찬가지다. 나는 나와 같은 세대를 산 사람 중 자신의 노력으로 성공과 영광을 누리는 사람을 여럿 보아 왔다.

신문에서 K라는 공직자가 회갑 기념 논문집을 후배들로부터 증정받았다는 기사를 보았다. 그는 내가 잘 아는 인물로 정부의 요직을 두루 거쳤고 퇴임 후에는 어느 기업체의 연수원장을 지냈다. 그는 언제나 몇백 명씩이나 되는 대학 출신 인재들을 아랫사람으로 두고 일했기 때문에 사람들은 그도 으레 대학을 졸업했을 것이라고 생각한다. 하지만 그는 지방에서 초등학교를 나왔을 뿐, 중학교 이상의 교육을 받지 못했다. 그래서 종종 자녀 교육에 자신이 없다고 얘기하곤 했다.

그런 그가 공직에 있으면서 회갑 기념 논문집을 증정받은 것을 보면 그의 삶이 얼마나 끊임없는 배움과 실천의 연속이었을지 충분히 짐작되고도 남는다. 그것은 대학을 나온 학자들에게도 쉽지 않은 일이다. 그는 오직 자신의 힘으로 90리 길을 걸어온 사람이다.

우리나라에서 노벨 문학상 후보자를 추천한다면 누가 일인자로 뽑힐 것인가를 놓고 토론한 적이 있다. 가장 먼저 화제에 오른 사람은 『토지』를 쓴 P작가였다. 그러나 그도 대학 출신이 아니다. 진주여고를 졸업한 뒤 꾸준히 작가 활동을 이어 온 사람이다.

얼마 전에 방송에서 우리나라 화가들이 전시회를 열고 싶은 대표적인 화랑으로 H화랑을 꼽는다는 얘기를 들었다. 오래전부터 여론 조사에서 1위를 차지하는 곳이다. 미술대학 교수들조차 쉽게 전시회를 열지 못하는 곳으로 잘 알려져 있다.

H화랑의 경영자는 여성으로, 미술대학 출신은 아니고 학력도 고등학교 졸업이거나 그 이하일 수도 있다. 그녀는 일찍 인사

동의 어떤 화랑에서 일하면서 그림을 감상하고, 작품의 진품과 모조품을 구별하며, 작품의 적정 가격을 결정하는 능력을 키웠다. 여성들이 남성들보다 예술적인 감각이 예민하다는 이야기를 증명하듯 그녀는 결혼 후 직장을 떠나 새로운 화랑을 개척했고, 마침내 우리나라에서 가장 유명한 화랑으로 키워 냈다.

이 이야기를 나누는 이유는 두 가지다. 첫째, 학교보다 중요한 것은 어떤 교육을 받느냐는 것이기 때문이다. 학교는 교육다운 교육을 해야 한다. 그렇다면 '교육다운 교육'이란 무엇인가. 그것은 각자의 성장이다. 인생의 100리 길을 걸으며 어떻게 하면 모두 성장할 수 있을지에 대한 문제다.

나는 여러 친구들과 사회적으로 활동하면서 성공과 행복을 누리는 사람들이 자신만의 개성을 찾아 끊임없이 노력한 결과 그런 경지에 이르렀음을 확신하게 되었다. 얼마 전에 만났던 S대학의 원로 교수님도 처음에는 대학을 졸업하고 공직에 몸담았으나 대인관계와 업무 처리에서 어려움을 느끼고 외국에서 학문을 택했다고 했다. 자신에게는 좁아 보이지만 치밀한 학문의 길을 선택한 것이 옳았고 30년의 노력이 헛되지 않았다고 고백했다.

이처럼 인생의 승부는 일생에 걸쳐 이루어지는 것이며 멀리 앞을 보고 계획을 세워 추진하면 실패는 있을 수 없다는 것이 각계에서 성공한 사람들의 진술이었다.

우리가 이런 문제를 이야기하는 두 번째 이유는 많은 부분에서 인생의 성공적인 진로가 반드시 대학 교육을 필요로 하지 않기 때문이다. 특별한 전문직을 갖고 싶은 사람들은 대학에 다니는 것이 좋다. 그러나 그 밖에 누구나 노력만 하면 목표에 도달할 수 있는 직업에서는 꼭 대학이 필요한 것은 아니다.

한때 일본 정계를 주름잡았던 다나카(田中) 수상도 초등학교 출신이었는가 하면, 장관을 두 차례 지냈고 자민당 간부이자 국회의원 선거에서 여러 차례 최다 득표를 기록했던 정치인 마쓰우라(松浦)도 초등학교 중퇴생이었고 그의 부인 역시 초등학교 출신이다. 그러나 두 사람 모두 일본 사회에서 존경받고 있다. 사실 마쓰우라 부부를 키워 준 것은 학교 교육이 아니라 기독교 정신이었다.

우리가 올바르게 받아들일 수만 있다면 진정한 불교도나 참다운 기독교인은 충분히 대학 교육 이상의 정신적 수양과 자기 성장을 이룰 수 있다. 미국의 초창기 민주주의 정신은 대학이 키워 준 것이 아니라 기독교회였음을 잊어서는 안 될 것이다.

중요한 것은 대학에 있는 것이 아니다. 한 인간이자 유능한 일꾼으로서 내가 얼마나 성장하는가에 있다.

참다운 교육의 끝은
자기 성장이다

지금까지 우리는 교육의 여러 가지 구체적인 문제를 취급해 왔다. 이 모든 것을 포함한 교육의 궁극적인 목표와 목적은 어디에 있는가.

앞서 우리 교육의 부끄러운 현실은 "학교에는 가지만 참다운 교육이 없고, 글을 배우고 지식은 쌓았으나 인간적 성장이 없다"는 데 있다고 말했다. 교육의 궁극적인 목표는 자아의 성장과 인간다운 삶을 영위하는 데 있다는 기본적인 사실을 재인식할 필요가 있다. 그 뜻이 버려지면 참다운 교육은 언제나 퇴색하는 불행을 초래하기 때문이다.

자기 성장은 몇 가지 기본 조건을 포함하고 있다.

자기 성장의 첫 번째 조건은 지적 성장이다. 모든 사람이 갖추고 있는 지식은 나도 지니고 있어야 하며 지적 성장에서 앞서는 사람이 행복과 성공의 길을 열어 갈 수 있기 때문이다. 그래서 학교 공부를 하거나 사회생활을 하면서 우리에게 맡겨진 과제는 더 많이 배우고 더 많이 아는 사람이 되자는 것이다. "아는 것이 힘이다"라는 말은 언제 어디서나 통하는 교훈이다. 100을 아는 사람이 90까지의 일을 할 수 있고 70을 아는 사람은 60까지의 일을 할 수 있다면 우선 배우고 알아야 한다.

언젠가 들었던 이야기가 생각난다. 미국의 한 경영학자가 중소기업에서 성공하는 비결이 무엇이냐고 묻자 그에게 아주 실천하기 쉬운 조언을 해주었다. "한 달에 책 한 권씩은 꼭 읽고, 한 달에 세 번씩은 다른 분야에서 일하는 사람과 점심식사를 함께 하면서 세상 이야기를 들어라."

바로 일벌레처럼 일에만 몰두하지 말고 지적 성장을 함께 도모하라는 권고였다. 물론 지적인 지도자가 되면서 학자가 되기를 바라는 사람이 있다면 평생을 학문에 바쳐야 할 것이다. 그러나 현재의 삶과 일을 성공적인 방향으로 향상시키기 위해서는 계속 공부하고 지적으로 성장하는 책임을 소홀히 해서는 안 된다.

세상에서 가장 불행한 것 중 하나는 무지하면서도 공부하지 않는 사람 밑에서 일하게 되는 것이다. 우리나라의 정치가 바로 그런 불행한 과정을 밟아 왔다. 과거 우리 정치 지도자들 대부분이 지도자로서 갖추어야 할 지적 성장이 없었기 때문에 국민은 불행해졌고 그들 밑에서 일한 사람들은 보람을 느끼면서 살지 못했다.

자기 성장은 학교에서 배우는 기초적인 지식에 그치는 것이 아니다. 출신 학교가 어디든지 평생을 배우고 성장하려는 자세가 필요한 것이다. 참다운 교육은 그 가능성을 어렸을 때부터 키워 주는 것이다.

자기 성장의 두 번째 조건은 정서적인 균형과 풍부함이다. 사람은 아는 것만으로 살지 않는다. 각자의 느낌과 희망, 의지를 가지고 사는 일이 더 중요할 때가 있다. 그래서 학교에서는 예능 분야와 도덕적인 교육을 소홀히 하지 않는다. 미국에서는 대학의 입학 조건으로 체육과 예능 분야의 경험을 반드시 평가한다. 건강하지 못한 사람이 행복하게 일할 수 없고 예술과 정서적 자질을 갖추지 못한 사람이 지도자가 될 수 없다고 보기 때문이다.

우리는 미술·음악·무용 같은 과목이 왜 필요한지 모른다. 대학 입시 과목에 포함되어 있지 않으면 배울 필요가 없다고 잘못 생각한다.

균형 잡힌 교육을 강조하는 이유는 지적인 성장과 정서적인 성장이 균형을 이루어야 한다는 것과 모나거나 치우침이 없는 조화와 안정을 이루려는 노력이 필요하기 때문이다.

결혼 생활에 실패하거나 몇 번씩 이혼하는 사람들의 경우 그 원인을 따져보면 초중고등학생 시절부터 정서적인 성장의 균형을 상실한 데 있다.

정서적 안정과 성장은 인간관계에서 이루어지는 것이다. 정서적으로 자라지 못한 사람들은 아름답고 선한 인간관계에서 실패하기 때문에 일생의 불행을 초래할 수도 있다. 그러나 정서적인 성장을 도모한 사람들은 행복한 삶을 만들어 내며 사회적인 대인관계에서도 기쁨과 행복을 나누어 줄 수 있다.

이 두 가지를 포함한 자기 성장은 결국 자아의 인간적 성장과 인격적 성장을 도모한다. 그리고 사람은 자기 성장만큼 유능해지며 유능한 만큼 일하게 되어 있다.

우리가 생각하는 바람직한 교육의 목적은 첫째, 자기 성장이 가능하도록 돕고 그것을 실현하도록 하는 데 있다. 이런 점들을 깨닫고 일생에 걸친 행복과 성공을 생각할 때 오늘날의 교육이 어떻게 이루어져야 할 것인가를 모색하게 되는 것이다.

교육의 두 번째 목적은 유능하게 일할 수 있는 자질과 능력을 길러 주는 데 있다. 사람이 세상에 태어난 것은 일하기 위해서다. 부모의 재산을 물려받거나 부잣집에 태어나 일하지 않고 놀며 사는 것이 축복인 듯 잘못 생각하는 사람들이 있다. 그러나 하는 일 없이 놀고먹는 것은 잘못일 뿐 아니라 죄악으로 여겨지고 있다.

인생의 평가 기준은 항상 "그가 이 세상을 사는 동안에 무슨 일을 얼마나 많이 했는가?"에 달려 있다. 무가치하고 하지 말아야 할 일을 했다면 그 사람은 사회적으로 버림받아 마땅하다. 대개의 경우 교도소에서 세월을 보내는 사람이 그런 인간들이다. 또한 하는 일 없이 놀면서 세월을 다 보냈다면 그 사람은 불필요한 인생을 산 것으로 평가된다. 특히 부유층 가정에 태어났다고 해서 무위도식하며 향락에 빠져 살았다면 당사자는 어떻게 생각할지 모르나 사회적으로는 무가치한 삶을 산 것에 불과하다.

인간은 사농공상 중 어떤 일이라도 좋으니 소질과 적성에 맞고 자기 개성에 적합한 일을 할 수 있어야 행복하고 자랑스러운 삶을 살게 된다. 그것이 성공한 삶이다.

사람들은 무엇 때문에 일을 하느냐고 물으면 돈을 벌기 위해서라고 대답한다. 그것은 옳은 생각이 아니다. 돈이 있고 생활이 안정되면 놀아도 된다는 잘못된 생각으로 이어지며 치부가 인생의 목적이라고 착각하게 한다. 오히려 인생의 목적은 일에 있고 그 일의 대가로서의 수입이 정당한 돈의 가치를 갖는 것이다. 월세를 내는 단칸방에 살다가 전셋집으로 옮기고 다시 자기 소유의 집을 마련하는 동안에 행복을 누리게 된다. 처음부터 물려받은 좋은 집에 산다면 빈손으로 출발해 하나씩 이뤄 가며 맛보는 행복은 모를 수밖에 없다.

각 가정에 전화가 보급되기 시작하던 1960년대 후반, 내 친구가 3년이나 기다렸다가 전화를 놓은 뒤 얼마나 기뻐했던가를 지금도 기억하고 있다. 그 친구는 이렇게 말했다. "우리 아들딸들은 전화가 있는 집에 태어났으니 이런 즐거움을 모를 거야."

비록 재산이 있고 경제적 안정을 갖춘 가정에서 출발했다고 하더라도 더 가치 있고 보람 있는 일을 꾸준히 찾아간다면 그것이 행복의 조건이 되고 성공으로 가는 길이 될 것이다. 부유한 경제 여건 때문에 일을 안 하거나 적게 하는 사람보다는 차근차근 경제력을 쌓아 가면서 보람 있는 일을 하는 사람에게 행복과 성공이 기다리고 있다.

사람은 개인적으로는 행복하고 사회적으로는 성공하는 것이 이상적이다. 다른 사람이 할 수 없는 일을 개척하며 남들은 흉내 낼 수 없는 새로운 일을 창조해 낼 수 있다면 그것이 곧 성공과 영광을 가져오는 삶이 된다.

올바른 교육이란 훗날 유능한 일꾼이 되어 사회 구성원으로서 자기 역할을 해내고 가능하다면 창의적이고 선구자적인 일을 할 수 있는 자질과 능력을 길러 주는 것이다. 사회에는 다양한 업종과 직업이 있기 때문에, 각자의 개성에 맞는 여러 유형의 인재를 배출하는 것이 교육의 올바른 길이다.

교육이 추구하는 세 번째 궁극적인 목표는 이웃과 사회에 도움을 주고 봉사할 수 있는 인물을 키우는 데 있다. 개인뿐 아니라 사회 전체가 그런 방향으로 나아갈 수 있는 정신적 분위기를 만들어야 한다.

우리 사회를 불행과 파국으로 몰아넣고 있는 가장 걱정스러운 문제의 하나는 개인들의 이기적인 발상과 집단 이기주의의 팽창이다. 그래서 정당 간의 원색적인 대립과 싸움은 그치지 않고, 노사 간의 분별없는 투쟁으로 파업을 상습적으로 벌이는가 하면, 지역감정과 학벌 대립까지 증폭되어 가고 있다. 이런 문제를 해결하는 데 앞장서야 할 종교도 관념적 이기주의에서 헤어나지 못하고 있다. 심지어는 가장 이성적 판단을 내려야 할 대학까지도 집단 이기주의의 틀을 벗어나지 못하고 있다.

하나의 예를 들어보자. 우리나라 대학들은 모교 출신이 아니면 그 대학의 교수가 될 수 없을 정도로 인맥과 연줄을 중시한다.

어떤 대학에서는 모교 출신 교수 후보와는 비교가 안 될 정도로 우수한 학자가 있어도 모교 출신이 아니면 선발하지 않는다. 그것이 집단 이기주의가 아니고 무엇인가. 가장 이성적인 집단인 대학이 그런 악습에 매여 있으면서 어떻게 이기적인 발상과 집단 이기주의를 극복할 수 있겠는가.

우리는 다른 나라도 그럴 것으로 잘못 생각한다. 그러나 교육 선진국의 대학 사회에서는 그런 집단 이기주의가 통하지 않는다. 하버드 대학교 출신이 하버드 대학교의 교수가 되는 일은 거의 불가능하다. 두 가지 이유 때문이다. 같은 대학에서 수학하고 같은 대학에서 교수가 되면 동질 사회가 형성되어 질적인 발전을 꾀할 수 없기 때문이다. 더 큰 원인은 하버드 대학교의 설립 이념이 세계와 국가를 위해 봉사하는 데 있지 하버드 출신들끼리 잘살기 위해서가 아니기 때문이다. 그래서 하버드 출신은 다른 대학의 교수로 진출하고 다른 대학 출신이 하버드의 교수로 오게 된다. 교육 선진국의 거의 모든 대학이 비슷한 판단을 내리고 있다. 그런데 우리나라에서는 대학까지도 집단 이기주의를 극복하지 못하고 있는 실정이다.

그 원인은 어디에 있는가. 어렸을 때부터 서로를 배려하고 봉사하는 이타적인 마음과 실천이 가장 소중한 가치임을 가르치지 못했던 까닭이다. 잘못된 교육의 결과가 오늘날 사회적 불행과 국가적 퇴락을 낳기에 이르렀다.

사람이 세상에 태어나 산다는 것은 무엇인가. 서로 아끼고 사랑하며 행복과 보람을 쌓고, 봉사를 통해 존경과 영광을 얻는 데 그 목적이 있지 않겠는가. 그런 떳떳한 인생의 길을 교육을 통해 알려 주지 못하고 학교생활에서 가르치지 못했기 때문에 온갖 사회악이 사라지지 않고 있으며, 학교는 많아도 삶의 내용과 질은 후퇴하는 결과를 가져오는 것이다.

여자 친구와 놀러 갈 유흥비를 마련하기 위해 살인을 저지르는 학생들이 생겨나고, 심지어는 부모를 살해하는 유학생까지 발생한다는 것은 상상의 한계를 넘는 불행이다. 만일 그들이 어렸을 때부터 이웃에 대한 사랑과 사회에 대한 봉사가 인생의 최고 가치이고, 그것이 보람과 존경과 영광의 대상이 될 수 있다는 교육을 받았다면 그런 탈선을 했겠는가.

종교의 목적은 교회 건물을 늘리고 사찰을 크게 짓는 데 있는 것이 아니다. 사랑과 봉사가 인생의 최고 가치임을 가르쳐 주는 데 있다. 교육의 목적도 마찬가지다.

만일 교육계가 위의 세 가지 목표, 즉 자기 성장이 가능하도록 돕는 것, 일할 수 있는 자질과 능력을 길러 주는 것, 이웃과 사회에 도움을 주고 봉사할 수 있는 인물을 키우는 것만이라도 실천해 나갈 수 있다면 우리 모두 성장에 따르는 행복은 물론, 일에서 오는 성공과 봉사에 따르는 보람도 누리게 될 것이다. 그런 교육으로 돌아가자는 것이 나의 소망이다.